Inhaltsverzeichnis

Saudi-Arabien

Saudi-Vision 2030: Propaganda oder Wahrheit?

Einige von denen, kommentiert die umfangreiche Berichterstattung in den Medien von Saudi-Vision 2030 und der Versprechungen und Aktivitäten bezögen, beschreiben es als die größte Werbepropaganda in der Geschichte der Region.

Es ist normal, dass die Werbekampagnen Vision mit gegensätzlichen diejenigen erfüllt werden. Es ist auch normal, alle Entwicklungspläne in der Region zu zweifeln, die eine neue Singapur oder Malaysia, mit Ausnahme der Emirati Erfahrung und in geringerem Maße auch der jordanische zu produzieren gescheitert. Allerdings ist das Saudi-Projekt ehrgeizig und massiv, und kann nicht auf einem der letzteren verglichen werden.

Es stellt sich Herausforderungen, die jedem klar sind, und es ist keine Überraschung, dass die Menschen zwischen Frustration geteilt sind und Zweifel auf der einen Seite, und die Begeisterung und Optimismus auf der anderen Seite. Die Ideen sind groß und notwendig. Wie viele andere, ich bin besorgt über die vielen großen Schwierigkeiten in der Ausführung, aber Saudi-Arabien hat die Fähigkeit und die Ressourcen.

Implementierung

Alles, was gesagt wurde von Saudi-Stellvertreter des Kronprinzen Mohammad bin Salman, der den Ingenieur des Projektes ist es, ist vernünftig, schlüssig und kann ausgeführt werden, wenn das Management und die Bestimmung zur Verfügung gestellt werden. Was er sprach über hat die

Hoffnung und hob Begeisterung eingeflößt. Jemand, der in der Öffentlichkeitsarbeit arbeitet würde kein Politiker beraten, ein Projekt zu seiner Bürger zu stellen, in dem es Zusagen und Fristen aus Gründen der Propaganda sind.

Die Vision beinhaltet gründliche Details und Verpflichtungen. Es beginnt in diesem Jahr, und es gibt verspricht einige seiner Pläne ab dem kommenden Jahr zu erreichen. Es sieht vor, dass vier Jahre später die Regierung viele Pläne, wie sie im Zusammenhang mit dem Dienst 15 Millionen Pilger pro Jahr durchführen müssen. Zehn Jahre später, zum Beispiel, wird es 30 Millionen Pilger pro Jahr dienen.

Diese Versprechen können, sobald neue Gesetze etabliert werden, die Investitionen und die Arbeit erleichtern. Es gibt Dutzende von anderen Verpflichtungen, die im Dokument eindeutig aufgeführt sind, und sie alle können diskutiert werden. Am Ende ist die Lehre in den Ergebnissen, nicht in den Versprechungen. Auf jeden Fall haben die Länder der Region - darunter Saudi-Arabien - nicht viele Optionen.

Rechenschaftspflicht

Sie müssen ihre Situation und ihre legislativen und exekutiven Konzepte korrigieren, überprüfen, ihre Art und Weise der Arbeit, und Mittel der Entwicklung suchen, um mehr als das Minimum für ihre Bürger zu erreichen. Die heutigen Bürger wissen viel mehr als jene der Vergangenheit, da sie mehr reisen und damit ihre Länder mit anderen vergleichen, stellen sie Fragen und erheben Forderungen, auch wenn sie nicht die Möglichkeit haben, ihre Regierung zu wählen oder zu halten.

Ohne ein Entwicklungsprojekt wie Saudi-Vision 2030, das die Abhängigkeit vom Erdöl reduzieren will, wird die Regierung nicht in der Lage sein, einfachsten Erwartungen ihrer Bürger gerecht zu werden.

Es gibt keinen Platz mehr für totalitäre Regime oder pastorale Staaten. Eine Regierung, die nicht gewählt wird, muss die Unterstützung der Bürger genießen, durch Dienstleistungen, die sie erfüllen. Die Legitimität unserer Regierungen basiert in erster Linie auf dem, was sie für ihre Bürger sind.

Öl

Was wir von Prinz Mohammad bin Salman gehört haben, ist ein Projekt des Ehrgeizes, der Philosophie, der Ideen und

Versprechungen, die seine Vision eines neuen Saudi-Arabien vorstellen, basierend auf einer realen Wirtschaft, deren Säulen solide und tragfähig sind, und das hängt nicht nur vom Öl ab. Der Schock des jüngsten Rückgangs der Ölpreise hat uns mehr als bisher geweckt. Heute sind wir allein, ohne große internationale Verbündete, und befinden uns in einer Region voller Krieg.

Der Unterschied zwischen dieser und früheren Phasen der verringerten Ölpreise ist, dass sie nicht wieder auf die Beine kommen könnten. Die Zahl der konkurrierenden Hersteller hat sich erhöht, und die Kosten von Schieferöl haben sich verringert. Elektroautos haben angefangen, sich auszubreiten. Selbst wenn die Ölpreise die gleichen Höhen wie in der guten alten Zeit erreichen, wird die Anzahl der Saudis sich ebenfalls rasch erhöhen - so sind ihre

Forderungen, und es ist unmöglich, die Einnahmen nur durch Öl zu sichern.

Nach Angaben der Vereinten Nationen umfasst die saudische Bevölkerung 24 Millionen und wird im Jahr 2030 ohne ein Entwicklungsprojekt wie Saudi-Vision 2030 40 Millionen bis zum Ende des Plans erreichen, die Abhängigkeit vom Erdöl zu reduzieren. Die Regierung wird nicht in der Lage sein, einfachste Erwartungen ihrer Bürger zu erfüllen.

Ich werde wiederholen, was der Visionär selbst sagte. Warum denken Sie nur an einfache Erwartungen wie Arbeitsplätze, Schulen und Gesundheitsversorgung? Warum sollten wir nicht nach Mehr streben, unseren Status zu einem entwickelten Land erheben? Es ist möglich, und es ist unsere Wahl für den Fortschritt. Erfolg in Saudi-Arabien wird dazu beitragen, andere arabische Länder voranzubringen.

Das Wiederaufleben von Öl

Die beste Nachricht bisher in diesem Jahr ist, dass die Ölpreise gestiegen sind und knapp über $ 50 pro Barrel erreichen. Die Preise werden auf voraussichtlich rund $ 20 weiter zurückgehen, was die Wirtschaftskrise ausweiten und den gesamten Mittleren Osten treffen wird, nicht nur die Erdöl exportierenden Länder. Der Preisanstieg wird eine neue Phase der wirtschaftlichen Schmerzen nicht verhindern können, aber er hat trockenen Märkten zu neuem Tatendrang verholfen.

In den nigerianischen Ölregionen werden Unruhen vermutet, die laufenden Reformen in einigen Ölanlagen des Nahen Ostens betreffend - was die am wenigsten kostspielige Zeit für Reformen wäre - und ebenso andauernde Konflikte in Libyen, Jemen, Syrien und dem Irak. Allerdings kann der Preis auch in diesem Jahr sinken, wenn nicht sicher in den kommenden Jahren. Die Auswirkungen und Risiken betreffen uns alle.

Der Alptraum des billigen Öls begann mit der Gewinnung von Schieferöl in wirtschaftlichen Mengen, und der Erhöhung seines Wettbewerbsanteils auf dem Markt bis zu einem Punkt, der die Vereinigten Staaten zu einem Ölexporteur werden ließ.

Folglich fühlten wir zum ersten Mal eine ernsthafte Bedrohung für die Realität, die wir seit Jahrzehnten kannten und die auf Öl fast ausschließlich angewiesen ist.

Leider führt der Preisanstieg zu einer erhöhten Kriegsfinanzierung in der Region. Ohne eine kollektive, sorgfältige Politik, mit dem Ziel, den Krieg zu vermeiden, wird alles, was die Region durch Öl verdient, wird für Kriege ausgegeben werden.

Nachwirkungen

Dies ist nicht begrenzt auf den Golf, sondern umfasst Länder wie Ägypten, die auf die Ölverkäufe und Überweisungen von Bürgern in ölproduzierenden Ländern angewiesen sind. Länder, die kein Öl haben, verlassen sich darauf, Produkte in Erdöl produzierende Länder, Arbeitsüberweisungen oder finanzielle Hilfen zu verkaufen. Die Situation in den Golfstaaten ist die schwierigste, weil sie im Moment keine Alternativen haben.

Sie hegen aufgrund des raschen Rückgangs der Ölpreise große Befürchtungen, die durch die Streichung vieler Projekte der Regierung, die Abschwächung der Zahlungen für Vertrags-Unternehmen und reduzierte Zahlungen an Mitarbeiter begleitet wurden. Auf der einen Seite erzeugt dies ein pessimistisches Klima, aber auf der anderen Seite führte es dazu, dass viele die Idee des wirtschaftlichen Wandels akzeptieren, die Abhängigkeit vom Erdöl zu verringern und Subventionen für Güter und Dienstleistungen zu beenden.

Der Preisanstieg ist nicht dazu gedacht, unsere Sucht zu erneuern oder wirtschaftliche Reformen blockieren, weil 50- $ 70 $ pro Barrel nicht ausreichen werden, die Staatsausgaben und das Haushaltsdefizit zu finanzieren. Leider führt der Preisanstieg zu einer erhöhten Kriegsfinanzierung in der Region. Öl selbst ist eine Ursache von Konflikten. Ohne eine kollektive, sorgfältige Politik, mit dem Ziel, den Krieg zu vermeiden, wird alles, was die Region durch Öl verdient, wird für Kriege ausgegeben werden.

Kann ein Land wie der Iran - das in seiner modernen Geschichte keine Blütezeit erlebt und das durch Kriege nie von seinen Ölressourcen profitiert hat - überzeugt werden? Die Atomabkommen und wirtschaftliche Offenheit sind wertlos, wenn sie dazu bestimmt sind, die Ausgaben für Krieg und Milizen in der Region zu erhöhen. Trotz Ölpreise und der Offenheit der Weltmärkte für Irans Öl, wird es nicht ausreichen, wenn es nicht sein Verständnis für die es umgebende Welt ändert.

Fortschrittliche Regierungsstrukturen in Saudi-Arabien

Angesichts der Vision 2030, angeführt von Vize-Kronprinz Mohammed Bin Salman, gibt es mehrere anspruchsvolle langfristige und kurzfristige Verpflichtungen, die bewertet werden müssen.

Die Schaffung eines großen Logistikzentrums, das drei Kontinente über Luft, Meer und Land verbindet, ist ein strategisches und ehrgeiziges Projekt, das viel Zeit, Mühe und Geld sowie Strategien erfordert, um 30 Millionen Pilger pro Jahr bis 2030 anzuziehen.

Wenn es um eine Senkung der Regierungsbürokratien geht, in Bezug darauf, die großen Regierungsapparate zu reduzieren und eine Lockerung der Rollen herbeizuführen, in denen administrative Systemen relevant sind, wird dies unweigerlich zu einer Reduktion verschwendeter Zeit führen, zur Mobilisierung von Anstrengungsbemühungen führen und einige Kosten ersparen. Wenn es in der richtigen Weise ausgeführt wird, wird es helfen, den Kreis der Beteiligten zu erweitern.

Der Prozess der Entwicklung von effizienten Arbeitssystemen sollte nicht zu viel Zeit und Geld erfordern, sondern vielmehr ein gutes begleitendes Management. Reorganisierung wird dazu beitragen, Hindernisse zu überwinden und die notwendigen Reformen der Systeme einführen und modernisieren.

Ich kann mir nicht vorstellen, dass eine der Vision 2030 Ziele erreichbar sein könnte, ohne zunächst Strukturen zu reformieren und auf langwierige Bürokratie zu verzichten.

Neuausrichtung der Strukturen

Der verstorbene saudische Politiker Ghazi El Kasaybi war einer der bedeutendsten Kritiker ausufernder Bürokratie und hielt sie für eine der wichtigsten Hindernisse in der Regierungsführung. Er schrieb sogar ein berühmtes Buch darüber, mit dem Titel „Das Leben in Management", basierend auf seinen fundierten Erfahrungen im Umgang mit Bürokratie.

Ich fragte ihn einmal, ob Bürokratie das Verschulden der Beschäftigten im öffentlichen Dienst sei oder jenes der Umwelt, die sagte, Regierungsangestellte seien korrupt. Er antwortete mit einem Lächeln in seinem Gesicht: „Nicht jeder ist wie Ghazi." Das offenbarte seinen eigenen einzigartigen Charakter im Kampf gegen die Hindernisse, die etwas sind, was wir nicht immer in anderen sehen, die einfach nur dem System Folge leisten und keine alternativen Wege ersinnen, um das Nötige zu tun.

Durch seine enormen wirtschaftlichen Einheiten wird Saudi-Arabien in der Lage sein, sich auf die nächste Stufe zu bewegen, die es ermöglichen wird, die Gesellschaft zu einer produktiveren hin zu rehabilitieren, die mit den heutigen modernen Anforderungen konkurrieren kann.

Die saudische Regierung hat nun seit mehr als einem halben Jahrhundert funktioniert. Damals begann sie mit einfachen Maßnahmen; ein kleines Stück Papier reichte in der Vergangenheit für Finanzminister, um Angelegenheiten zu regeln. Heute würde die gleiche Förmlichkeit Tage in Anspruch nehmen.

Die Institutionen des Staates sind nun damit beschäftigt, Verfahren und Protokolle zu bewältigen anstatt sich auf spezifische Ziele zu konzentrieren und durch sie festgelegte Ziele zu erreichen. So viele dieser langgezogenen Verwaltungsstrukturen gehen nicht Hand in Hand mit den modernen Philosophien der Regierung.

Entgegen des weit verbreiteten Glaubens, benötigen Beamte im öffentlichen Sektor mehr Zeit als ihre Kollegen im privaten Sektor, um nur eine Aufgabe zu erledigen.

Daher ist es durchaus notwendig, dass die Mentalität sich ändert, so, wie die Rolle des Staates sich entwickeln muss. Dies muss geschehen, weil der Staat nun eine Rolle im täglichen Leben der saudischen Bürger spielt - von der Geburt bis zum Ruhestand, von häuslichen Gegebenheiten bis zur Bildung der Kinder.

Ein halbes Jahrhundert später hat das heutige Leben mehr Lasten auf die Schultern der Bürger gelegt und damit zu höheren Erwartungen geführt, die von der Regierung umgesetzt werden sollen. Vorher konnte die Bevölkerung in Millionen gezählt werden. Nun umfasst die Bevölkerung mehr als 24 Millionen Einwohner. Aufgrund all dieser Umstände sind die alten Wege nicht mehr zeitgemäß.

Aktivierung des privaten Sektors

Die Regierung hat Möglichkeiten initiiert, mittels derer der Privatsektor eine wichtige Rolle spielt, indem er Bürger beschäftigt und sie mit Grundleistungen versorgt. Die Vision 2030 wird neue Möglichkeiten für den privaten Sektor schaffen und mehr in lebenswichtige Bereiche wie Bildung und

Gesundheit investieren. Zudem verspricht sie, das System und die Gesetzgebung zu reformieren.

Aber ich sehe nicht, dass die Regierung auf die Kapazitäten des privaten Sektors allein angewiesen ist, der möglicherweise nicht bereit ist, die Last zu tragen. Ich denke, es wird langsam zur Etablierung großer wirtschaftlicher Einheiten kommen, um die Löcher zu stopfen und die Lücken überbrücken und schließlich den wirtschaftlichen Abschwung zu begrenzen.

Dies wäre eine große Chance für Saudi-Arabien, weil die Neuausrichtung seiner Wirtschaft in große Institutionen, im Gegensatz zu stark bevölkerten Ländern wie Ägypten, notwendig ist, um seine Sektoren auf breiter Ebene zu etablieren.

Durch enorme wirtschaftliche Einheiten wird das Land in der Lage sein, sich auf die nächste Stufe zu bewegen, die es ermöglicht, die Gesellschaft zu einem produktiveren Miteinander zu rehabilitieren, das mit den heutigen modernen Anforderungen konkurrieren kann.

In Saudi-Arabien sind einige Sektoren in der Lage gewesen, sich von den großen Regierungsformen wie der Petrochemie und Kommunikation von Ministerien, Banken Unternehmen und Betrieben wie der Großmolkerei Al Maraai loszureißen. Also besteht kein Zweifel, dass kleine Unternehmen anfällig geblieben sind und einen Ausfall in der Hinsicht erlitten haben, eine angemessene Ausbildung und Verstaatlichung zu gewähren. Es müssen Bemühungen diesbezüglich erfolgen, um zu sehen, dass es gelingen kann.

Die Regierung wird die Änderung auf den Märkten in der ersten Phase durch die Privatisierung von einigen Diensten wie dem Gesundheitsministerium einleiten.

Der Weg zur Privatisierung wird unweigerlich auf seinem Weg zu möglichem Erfolg auf Zweifler stoßen. Ich kann mich an einen ähnlichen Fall in den 1990er Jahren erinnern, wobei es um Anforderungen an eine vollständige Privatisierung des vom Staat gesteuerten Telekommunikationssektors ging.

Das Ministerium für Kommunikation war gegen die Idee, unter Berufung auf zwei Gründe: die hohen Einkommen des Telefonsektors, der eine zweite Einnahmequelle für das Land nach Öl darstellte, und zweitens die Frage der Sicherheit. Aber nachdem der Telekommunikations-Industrie privatisiert worden war, verdoppelte bis verdreifachte sich das Einkommen der Regierung, und die Änderung wurde nicht zu einer Bedrohung der nationalen Sicherheit des Landes.

Saudi-Arabien muss sich von der gegenwärtigen Mentalität zu einer umfassenden freien Marktwirtschaft bewegen.

Dies ist der Punkt, an dem wo die Umstrukturierung der Systeme mit dem Ziel der Abschaffung der Bürokratie die Expansionsbemühungen ankurbeln wird, um die Entwicklung einer freieren und größeren Wirtschaft zu befördern.

Fortschrittliche Gestaltung der Regierungsstrukturen Saudi-Arabiens

Angesichts der Vision 2030, angeführt von Vize-Kronprinz Mohammed Bin Salman, gibt es mehrere anspruchsvolle langfristige und kurzfristige Verpflichtungen, die bewertet werden müssen.

Die Schaffung eines großen Logistikzentrums, das drei Kontinente über Luft, Meer und Land verbindet, ist ein strategisches und ehrgeiziges Projekt, das viel Zeit, Mühe und Geld sowie Strategien erfordert, um 30 Millionen Pilger pro Jahr bis 2030 anzuziehen.

Wenn es um eine Senkung der Regierungsbürokratien geht, in Bezug darauf, die großen Regierungsapparate zu reduzieren und eine Lockerung der Rollen herbeizuführen, in denen administrative Systemen relevant sind, wird dies unweigerlich zu einer Reduktion verschwendeter Zeit führen, zur Mobilisierung von Anstrengungsbemühungen führen und einige Kosten ersparen. Wenn es in der richtigen Weise ausgeführt wird, wird es helfen, den Kreis der Beteiligten zu erweitern.

Der Prozess der Entwicklung von effizienten Arbeitssystemen sollte nicht zu viel Zeit und Geld erfordern, sondern vielmehr ein gutes begleitendes Management. Reorganisierung wird dazu beitragen, Hindernisse zu überwinden und die notwendigen Reformen der Systeme einführen und modernisieren.

Ich kann mir nicht vorstellen, dass eine der Vision 2030 Ziele erreichbar sein könnte, ohne zunächst Strukturen zu reformieren und auf langwierige Bürokratie zu verzichten.

Neuausrichtung der Strukturen

Der verstorbene saudische Politiker Ghazi El Kasaybi war einer der bedeutendsten Kritiker ausufernder Bürokratie und hielt sie für eine der wichtigsten Hindernisse in der Regierungsführung. Er schrieb sogar ein berühmtes Buch darüber, mit dem Titel „Das Leben in Management", basierend auf seinen fundierten Erfahrungen im Umgang mit Bürokratie.

Ich fragte ihn einmal, ob Bürokratie das Verschulden der Beschäftigten im öffentlichen Dienst sei oder jenes der Umwelt, die sagte, Regierungsangestellte seien korrupt. Er antwortete mit einem Lächeln in seinem Gesicht: „Nicht jeder ist wie Ghazi." Das offenbarte seinen eigenen einzigartigen Charakter im Kampf gegen die

Hindernisse, die etwas sind, was wir nicht immer in anderen sehen, die einfach nur dem System Folge leisten und keine alternativen Wege ersinnen, um das Nötige zu tun.

Durch seine enormen wirtschaftlichen Einheiten wird Saudi-Arabien in der Lage sein, sich auf die nächste Stufe zu bewegen, die es ermöglichen wird, die Gesellschaft zu einer produktiveren hin zu rehabilitieren, die mit den heutigen modernen Anforderungen konkurrieren kann.

Die saudische Regierung hat nun seit mehr als einem halben Jahrhundert funktioniert. Damals begann sie mit einfachen Maßnahmen; ein kleines Stück Papier reichte in der Vergangenheit für Finanzminister, um Angelegenheiten zu regeln. Heute würde die gleiche Förmlichkeit Tage in Anspruch nehmen.

Die Institutionen des Staates sind nun damit beschäftigt, Verfahren und Protokolle zu bewältigen anstatt sich auf spezifische Ziele zu konzentrieren und durch sie festgelegte Ziele zu erreichen. So viele dieser langgezogenen Verwaltungsstrukturen gehen nicht Hand in Hand mit den modernen Philosophien der Regierung.

Entgegen des weit verbreiteten Glaubens, benötigen Beamte im öffentlichen Sektor mehr Zeit als ihre Kollegen im privaten Sektor, um nur eine Aufgabe zu erledigen.

Daher ist es durchaus notwendig, dass die Mentalität sich ändert, so, wie die Rolle des Staates sich entwickeln muss. Dies muss geschehen, weil der Staat nun eine Rolle im täglichen Leben der saudischen Bürger spielt - von der Geburt bis zum Ruhestand, von häuslichen Gegebenheiten bis zur Bildung der Kinder.

Ein halbes Jahrhundert später hat das heutige Leben mehr Lasten auf die Schultern der Bürger gelegt und damit zu höheren Erwartungen geführt, die von der Regierung umgesetzt werden sollen. Vorher konnte die Bevölkerung in Millionen gezählt werden. Nun umfasst die Bevölkerung mehr als 24 Millionen Einwohner. Aufgrund all dieser Umstände sind die alten Wege nicht mehr zeitgemäß.

Aktivierung des privaten Sektors

Die Regierung hat Möglichkeiten initiiert, mittels derer der Privatsektor eine wichtige Rolle spielt, indem er Bürger beschäftigt und sie mit Grundleistungen versorgt. Die Vision 2030 wird neue Möglichkeiten für den privaten Sektor schaffen und mehr in lebenswichtige Bereiche wie Bildung und

Gesundheit investieren. Zudem verspricht sie, das System und die Gesetzgebung zu reformieren.

Aber ich sehe nicht, dass die Regierung auf die Kapazitäten des privaten Sektors allein angewiesen ist, der möglicherweise nicht bereit ist, die Last zu tragen. Ich denke, es wird langsam zur Etablierung großer wirtschaftlicher Einheiten kommen, um die Löcher zu stopfen und die Lücken überbrücken und schließlich den wirtschaftlichen Abschwung zu begrenzen.

Dies wäre eine große Chance für Saudi-Arabien, weil die Neuausrichtung seiner Wirtschaft in große Institutionen, im Gegensatz zu stark bevölkerten Ländern wie Ägypten, notwendig ist, um seine Sektoren auf breiter Ebene zu etablieren.

Durch enorme wirtschaftliche Einheiten wird das Land in der Lage sein, sich auf die nächste Stufe zu bewegen, die es ermöglicht, die Gesellschaft zu einem produktiveren Miteinander zu rehabilitieren, das mit den heutigen modernen Anforderungen konkurrieren kann.

In Saudi-Arabien sind einige Sektoren in der Lage gewesen, sich von den großen Regierungsformen wie der Petrochemie und Kommunikation von Ministerien, Banken Unternehmen und Betrieben wie der Großmolkerei Al Maraai loszureißen. Also besteht kein Zweifel, dass kleine Unternehmen anfällig geblieben sind und einen Ausfall in der Hinsicht erlitten haben, eine angemessene Ausbildung und Verstaatlichung zu gewähren. Es müssen Bemühungen diesbezüglich erfolgen, um zu sehen, dass es gelingen kann.

Die Regierung wird die Änderung auf den Märkten in der ersten Phase durch die Privatisierung von einigen Diensten wie dem Gesundheitsministerium einleiten.

Der Weg zur Privatisierung wird unweigerlich auf seinem Weg zu möglichem Erfolg auf Zweifler stoßen. Ich kann mich an einen ähnlichen Fall in den 1990er Jahren erinnern, wobei es um Anforderungen an eine vollständige Privatisierung des vom Staat gesteuerten Telekommunikationssektors ging.

Das Ministerium für Kommunikation war gegen die Idee, unter Berufung auf zwei Gründe: die hohen Einkommen des Telefonsektors, der eine zweite Einnahmequelle für das Land nach Öl darstellte, und zweitens die Frage der Sicherheit. Aber nachdem der Telekommunikations-Industrie privatisiert worden war, verdoppelte bis verdreifachte sich das Einkommen der Regierung, und die Änderung wurde nicht zu einer Bedrohung der nationalen Sicherheit des Landes.

Saudi-Arabien muss sich von der gegenwärtigen Mentalität zu einer umfassenden freien Marktwirtschaft bewegen.

Dies ist der Punkt, an dem wo die Umstrukturierung der Systeme mit dem Ziel der Abschaffung der Bürokratie die Expansionsbemühungen ankurbeln wird, um die Entwicklung einer freieren und größeren Wirtschaft zu befördern.

Ein Dokument zwischen Riad und Washington

Ich habe eine Chance, einen Blick auf ein seltenes Dokument, im März 1945 geschrieben, zu werfen, das die Art der angespannten US-Saudi-Beziehungen zeigt. Es erinnert uns an die Situation heute. Damals hatte die US-Regierung keinen Botschafter bzw. „Sekretär" ernannt, um sie zu vertreten.

Da der saudische Außenminister Prinz Faisal bin Abdulaziz abwesend war, ließ König Abdulaziz seinen Berater und stellvertretenden Außenminister Youssef Yassine eine Nachricht an die US-Sekretärin Rives Child senden, basierend auf Streitigkeiten mit Washington, die den Verkauf von Waffen an Saudi-Arabien verhindert hatte.

Yassine schrieb: „Wir sind bereit, alles zu tun, was zu einer Stärkung der Beziehungen zwischen den beiden Ländern verhilft. Alle [US-] Forderungen, die gegenseitigen Interessen dienen, werden erfüllt und Erleichterungen, die von den USA benötigt werden, werden gewährt, aber in einer Weise, die die Souveränität des Landes gewährleistet und nicht das Königreich Saudi-Arabien zum Gegenstand ausländischer Kritik machen oder so interpretiert werden, dass das saudische Königreich eine amerikanische Kolonie sei." Yassine fuhr fort: „Gegenseitige Interessen zwischen der US-Regierung und der saudischen Regierung ähneln nicht den Interessen gegenüber anderen Ländern. Wir wollen diese Interessen stärken. Saudi-Arabien wird also froh sein, eine spezielle amerikanische Delegation zu begrüßen oder eine arabische Saudi-Delegation, von einem

Fürsten geleitet, zu senden. Diese Delegationen werden jedoch nicht gebildet werden, solange Saudi-Arabien nicht sicher ist, dass die USA die Bereitschaft hat, ihre Haltung zu überdenken und gewillt ist, daran zu arbeiten."

In seiner Botschaft äußerte Yassine, dass der König eine Antwort aus Washington innerhalb von 10 Tagen erwarte und Saudi-Arabien andere Optionen erwägen würde, wenn die Vereinigten Staaten auf ihrer Positionen bestünden. Washington bestätigte, dass es eine Zusammenarbeit wünsche. Es begründete seine Abneigung, indem es erklärte, es sei mit der Atlantik-Charta beschäftigt, die später unter der Bezeichnung NATO bekannt wurde.

Riad realisiert die Bedeutung einer Supermacht und will starke Beziehungen zu ihr, aber unter Bedingungen, die gegenseitigen Interessen dienen.

Von einem Damm in New York zu den Cyber-Attacken auf Aramco

Wenn Ingenieure an einem Damm in New York nicht die Wasserschleusen in einer elektronischen Steuerzentrale für Wartungsarbeiten abgeschaltet hätten, wäre eine Katastrophe größeren Ausmaßes geschehen. An diesem Tag, gelang es Hackern, die mutmaßlich der iranischen Revolutionsgarde angehören, die elektronische Leitstelle zu hacken, um die Schleusen zu öffnen und den Bereich zu überfluten. Ein Gericht – das diesen Fall und andere Cyber-Attacken, die auf Finanzinstitutionen abzielten – verhandelte, enthüllte gefährliche Hinweise darauf, dass lebenswichtige Einrichtungen in dem Land attackiert werden sollten.

Leider wurden nur die direkten Täter wurden in diesen Fällen angeklagt, und es wurde keinerlei Anklage gegen das iranische Regime erhoben, das für die Anschläge verantwortlich gemacht werden sollte. Klagen gegen Regimes, die an Cyber-Attacken beteiligt sind, sei es das iranische oder jedes andere Regime, wirken als Abschreckung gegenüber ähnlichen Angriffe in der Zukunft.

Allerdings war dies nicht der einzige Fall dieser Art. Andere Teile der Welt haben unter ähnlichen Angriffen gelitten. Der gefährlichste war der Angriff einer Gruppe, die das System von Saudi Aramco attackierte, das die größte Menge an Öl in der Welt produziert und exportiert. Hacker versuchten, die Kontrolle über rund 35.000 Computer zu gewinnen, die das System steuern. Doch das Unternehmen setzte rasch die meisten Operationen aus und erlangte wieder die Kontrolle über die Systeme.

Cyber-Attacken werden als Aggression durch ein Land gegen das andere betrachtet, obwohl sie nicht als solche von internationalen Organisationen wie den Vereinten Nationen eingestuft worden – obwohl viele sich einig sind, dass sie gefährlichen Verbrechen gleichkommen. US-Behörden haben bestätigt, dass große Cyber-Attacken Terror-Operationen gleichen und die US Federal Grand Jury klagte die sieben iranische Hacker des Terrorismus an, die größte Form der Opposition, die ihnen entgegen gesetzt werden kann.

Allerdings sind nur die Täter angeklagt worden und nicht die hinter ihnen Stehenden. Die Hacker-Zellen arbeiten in der Regel innerhalb eines Systems zusammen, das mit der iranischen

Sicherheitsinstitution verbunden ist, und richten verschiedene Aktivitäten gegen lebenswichtige Organe, wie im Zusammenhang mit Öl, Strom, Wasser und Luftfahrt und sogar Atomanlagen in Ländern wie den USA, die der Iran als feindlich betrachtet.

Sabotageakt

Auf zivile Einrichtungen abzuzielen, um sie zu sabotieren sie und Zivilisten zu schaden, sind terroristische Handlungen, international auch in Zeiten des Krieges verboten. Eines der Zellenmitglieder, Hamid Firoozi, erlangte Informationen über die Wasserstände, mit denen er es schaffte, die Tore zu öffnen. Wenn sie nicht manuell deaktiviert gewesen wären, wäre der Bereich um den Damm weitläufig überflutet worden. Wenn die US-Staatsanwaltschaft diejenigen im Iran, die für diese Cyber-Attacken verantwortlich waren, bestraft hätte, und nicht nur die betreffenden sieben Personen, so wäre ein Mechanismus entstanden, Cyber-Terrorismus zu bekämpfen.

Wenn die US-Staatsanwaltschaft diejenigen im Iran, die für diese Cyber-Attacken verantwortlich waren, bestraft hätte, und nicht nur die betreffenden sieben Personen, so wäre ein Mechanismus entstanden, Cyber-Terrorismus zu bekämpfen.

Es wurden keine Informationen über den Vorfall in Aramco bekannt gegeben, der sich im Jahr 2012 ereignete. Der Schaden wurde begrenzt, weil die Hacker auf das Verwaltungssystem des Unternehmens abzielten und nicht die Computer, die an die Ölproduktion gebunden sind. Ihr Ziel war es, die Ölproduktion in Saudi-Arabien und die Einrichtungen des Unternehmens

Einrichtungen zu beschädigen. Das dahinter stehende größere Ziel bestand darin, die saudische Wirtschaft zu behindern.

Vor zwei Jahren wurde ein Bericht über organisierte Cyber-Attacken freigegeben, die durch Gruppen der iranischen Revolutionsgarde durchgeführt werden. Diese Angriffe zielten auf Einrichtungen in 16 Ländern, einschließlich der amerikanischen Militärzonen. All dies sind terroristische Aktivitäten, von Ländern geplant und nicht von unabhängigen Terrorzellen oder Banden. Sie sollten nach internationalem Recht eingestuft und ihre Aktivitäten als verboten erklärt werden.

Warum Nimr Al-Nimr von Strafe ausschließen?

Ein New York Times-Reporter in Teheran hat seinen Tweet gelöscht, der erklärte, dass alle von Saudi-Arabien am Samstag ausgeführten Verurteilten Schiiten waren, und stellte klar, dass dies nicht wahr sei. Aber er hat nicht gesagt, dass nur vier der Hingerichteten Schiiten waren, während die 43 anderen Sunniten waren.

Die BBC zusammengefasst Nachricht von der Hinrichtung durch nur unter Bezugnahme auf die von Nimr Al-Nimr. Es wird berichtet, die Ausführung eines Mannes in den Mord an einem BBC Kameramann in einem separaten Stück Nachrichten für schuldig befunden. Wir verstehen, warum der Iran die Medienkampagne gegen die Hinrichtung führt. Es zielt auf Saudi-Arabien, gegen die er hat eine politische und Propagandakrieg gekämpft, da es in sektiererischen Kriege im Irak, Syrien und Jemen zu engagieren entschieden.

Aber warum sollten andere iranischer Propaganda folgen, ohne zumindest die Behauptungen beider Parteien untersuchen? War Nimr eine friedliche Oppositionsfigur? Natürlich nicht. War er ein Führer der Schiiten? Absolut nicht. Er war wie andere ein extremistischer Prediger. Haben seine Reden die saudische Regierung kritisiert? Ja, aber ebenso tun es jene von Abu Bakr Al-Baghdadi, dem Führer des Islamischen Staates im Irak und in Syrien (ISIS).

Saudi-Arabien kann sunnitische religiöse Prediger nicht ausführen, die der Anstiftung schuldig sind, die zu Mord führen, und die Fälle von schiitischen Gefangenen übersehen. Es gibt 5.000 Extremisten in

Saudi-Gefängnissen, hunderte von ihnen verurteilt wurden. Die meisten von ihnen sind sunnitische Saudis, während nur Dutzende von ihnen schiitischen Saudis sind.

Es macht keinen Sinn, Saudis darum zu bitten, sunnitische religiöse Führer auszuweisen und andere in die Geschehnisse verwickelte Prediger unbescholten zu lassen.

Nimr war ein Extremist Schiiten Saudi-Prediger. Er war genau wie Al-Qaida-Theoretiker Faris Al-Shuwail und sunnitische Extremisten Prediger Hamad Al-Humaidi. Keiner der drei einen Mord begangen, aber wurden sie von der auf dem Gesetz Anstiftung zur Gewalt zu kriminalisieren basierten Justiz verurteilt, weil sie ihre Anhänger aufgestachelt Mord zu begehen, und wurden an anderen Aktivitäten beteiligt, die zu üben Gewalt beruhen.

Humaidi Gruppe entführt und US-Bürger Paul Johnson getötet, und hielt den Kopf in einem Kühlschrank im Haus, wo sie verhaftet wurden. Obwohl es nicht Humaidi war, der Johnson geschlachtet, verpflichtet seine Anhänger das Verbrechen auf der Grundlage seiner Anweisungen. Shuwail, die sich ergeben, nachdem er in Sicherheit Auseinandersetzungen in der Stadt ar-Rass verletzt wurde, gilt als einer der prominentesten takfiri-Prediger in Saudi-Arabien.

Abdulaziz Al-Toaili'e, eine sunnitische Figur und Al-Qaida-Medien Broadcaster, war auch unter den Hingerichteten. Er tötete niemanden selbst, wurde aber bei der Rekrutierung und Bewaffnung Operationen beteiligt, und angestiftet gegen andere.

Anstiftung

Nimr war ein Extremist Prediger, kein politischer Führer. Wie Führer der sunnitischen extremistischen Organisationen, hetzte er andere bewaffnete Opposition zu verfolgen und zu kämpfen, und half ihnen mit den Waffen und Gelder zu sammeln.

Er wurde festgenommen und hilft, ein Mann wegen Mordes gesucht zu entkommen. Nimr hatte eine Gruppe wie die Liste der 23 bekannt, die von bewaffneten Operationen beschuldigt wurden. Vier der 23 Männer übergab sich in und wurden später freigelassen, einige wurden bei Auseinandersetzungen getötet, und andere sind auf der Flucht.

Nimr verhaftet wurde, während die Polizei einen gesuchten Mann verfolgt Hussein Al-Rabi genannt. Nimr und Rabee waren in zwei getrennten Autos und Nimr Auto in ein

Polizeiauto gestoßen Rabee Flucht zu helfen. Während die Polizei Nimr verhaftet, bewaffnete Männer in einem anderen Auto eröffneten das Feuer auf die Sicherheitskräfte und verletzte Nimr und andere. Rabee entkam, wurde aber zwei Monate später verhaftet.

Nach dem Saudi-System ist Nimr rechtlich verantwortlich für die Anstiftung, Rekrutierung und Verbrechen, die seine Anhänger wegen ihm begangen. Diese Verbrechen sind vielfältig. Seine Anhänger getötet absichtlich sechs Polizisten in separaten Zwischenfällen, und Dutzende wurden verletzt.

Sie töteten drei Zivilisten und willkürlich das Feuer auf ausländische Arbeitskräfte Arbeit zu behindern, eine Bengali zu töten. Sie eröffneten das Feuer auf ein Auto zur deutschen Botschaft gehört, und das Fahrzeug als Folge verbrannt. Die beiden

Diplomaten im Auto überlebten den Angriff, und die Täter wurden später festgenommen.

Unser Problem, oder vielmehr das Problem der heutigen Welt, sind extremistische Geistliche, die destruktive Handlungen ausführen und den Frieden überall bedrohen. Es macht keinen Sinn, Saudis darum zu bitten, sunnitische religiöse Führer auszuweisen und andere in die Geschehnisse verwickelte Prediger unbescholten zu lassen.

Der Saudi-Schura-Rat ist nicht das Parlament

Natürlich wurde der Schura-Rat Saudi-Arabien gewählt; ich bleibe bei meiner Überzeugung, dass gewählte Mitglieder nicht kompetenter sind als diejenigen, die ernannt wurden. Wie wir wissen, ist es im Bereich der Politik nicht zwingend der Fall, dass die Kompetentesten am wahrscheinlichsten eine Abstimmung gewinnen.

An dieser Stelle ist es ratsam, zwischen dem Shura und dem Parlament zu unterscheiden. Der Schura-Rat ist konsultativ, beratend und ergänzend, während das Parlament das Volk vertritt und wichtige Entscheidungen trifft.

Demokratie im Nahen Osten

Wir haben alle die Probleme gesehen, die der politische Übergang in den letzten zwei Jahren mit sich gebracht hat. Natürlich ist es noch zu früh, um die ägyptischen, tunesischen und libyschen Erfahrungen zu beurteilen.

Wenn von demokratische Praktiken in der Gesellschaft auf der ganzen Welt die Rede ist, müssen wir das Vorhandensein von strukturellen Probleme in den Entwicklungsländern zugeben, vor allem in der arabischen Welt. Diese strukturellen Probleme stehen im Zusammenhang mit den politischen und gemeinschaftlichen Systemen sowie der lokalen Kultur.

Ob Sie es glauben oder nicht, an einer Wand in London finden Sie eine Fotografie eines gewählten irakischen Parlaments, das Westminster in den 1950er Jahren besuchte. Das irakische Parlament wurde gegründet, bevor vielen Länder in der modernen Geschichte ihr eigenes gründeten, es wurde vor 90 Jahren gegründet. Das Chaos im Irak derzeit beweist, dass das ursprüngliche Parlament wirksamer war als jene, die nach der Invasion durch die Amerikaner geschaffen wurden.

Sudans, Ägyptens und Syriens Geschichten sind der irakischen ähnlich. Während der Besiedlung gründeten die europäischen

Mächte, die für diese Länder verantwortlich waren, parlamentarische Institutionen. Diese Institutionen jedoch brachen jedoch auseinander, nachdem die Kolonisierungsperiode beendet war. Diese Länder wurden von unterdrückenden Regime regiert, die die durch ein umfassendes politisches System und eine moderne Verwaltung charakterisierten Monarchien beseitigten.

Wir haben alle die Probleme gesehen, die der politische Übergang in den letzten zwei Jahren mit sich gebracht hat. Natürlich ist es noch zu früh, um die ägyptischen, tunesischen und libyschen Erfahrungen zu beurteilen. Wir befinden uns immer noch im ersten Quartal eines langen Spiels, mit einem Ergebnis, über das wir nur spekulieren können.

Für Länder wie Saudi-Arabien sind ihre Erfahrung mit der Shura und den Syndikaten begrenzt, obwohl es Versuche waren vor rund 80 Jahren. In diesem Jahr ging König Abdullah bin Abdul Aziz einen schwierigen Schritt, als er Frauen zum ersten Mal am Schura-Rat beteiligte. Der Anteil der Frauen in der Gemeinde beträgt 20%, das ist höher als der Anteil der Frauen in den amerikanischen Kongressen (18%). Wenn es öffentliche Wahlen gewesen wären, hätte vielleicht nicht eine einzige Saudi-Frau gewonnen. Beachten Sie, dass wir über eines der konservativsten Länder der Welt sprechen. Einige lehnen den jüngsten Schritt des Königs ab, sie schrieben eine Petition mit neun Punkten und protestierten gegen seine Entscheidung, Frauen in den Rat einzubeziehen. Dies ist ein Vorbote der noch zu erwartenden Herausforderungen in Form von Widerstand, um einige Bereiche der Saudi-Gesellschaft zu verändern.

Allerdings hat das Reich, in seiner Geschichte und seit seiner Gründung versucht, Veränderungen in der Gesellschaft zu vermitteln, wenn auch nur mit äußerster Vorsicht. Führer nutzen die Tatsache, dass es sich um einen pastoralen Zustand handelt, in dem die meisten Bürger von der Regierung abhängen.

Der Widerstand gegen die Bewegung des Königs in Saudi-Arabien

Ich denke, dass ein Schura-Rat, der ernannte, kompetente Mitglieder und gewählte Vertreter inkludiert, den Druck auf den Staat erleichtern wird.

Die Regierung hat ihre Verantwortung in dem Land zugenommen und ist an allen Aspekten des täglichen Lebens im Reich stark beteiligt. Durch die Übernahme von mehr Verantwortung hat es die Erwartungen der Bürger dahingehend erhöht, dass die Rechenschaftspflicht zunehmen werde.

Wir müssen beachten, dass das größte Hindernis für den Fortschritt der arabischen Gesellschaften die inhärente Schwäche der politischen Kultur ist. Die Art der Kandidaten, der Anteil der Wähler, die Art der Diskussionen und der Akt, Parlamentarier zur Rechenschaft zu ziehen, sind schwach angesichts des Ausmaßes der Frustration. Zum Beispiel stimmten in den letzten Kommunalwahlen in Riad nur 100.000 Menschen von einer halben Million qualifizierten Bürgern ab!

Saudi-Frauen: Kandidatinnen und Wählerinnen

Ein Drittel der Wahllokale für die in Saudi-Arabien anstehenden Kommunalwahlen sind jetzt Frauen gewidmet. Die Wahlen sind auch zum ersten Mal so gestaltet, dass Frauen als Kandidatinnen in Erscheinung treten können.

Die Richtungsverschiebung dahingehend, Frauen zu ermöglichen, an den Wahlen teilzunehmen, ist im Reich umstritten. Diejenigen, die an die Bedeutsamkeit dessen glauben, haben sogar gedacht, dass es zu weit hergeholt sei, bis König Salman seine Unterstützung zeigte.

Wahlbezirke haben damit begonnen, Frauen als Wählerinnen und Kandidatinnen, die mit Männern konkurrieren, zu registrieren. Es besteht kein Zweifel daran, dass dies eine historische Entscheidung in einer schwierigen Zeit ist.

Doch die Beteiligung von Frauen an den Kommunalwahlen ist mit Blick auf die nächsten drei Sitzungen möglicherweise nicht wirksam. Sie wird vielleicht nicht vor Ablauf von 12 Jahren wirksam sein, und vielleicht nicht einmal dann.

Allerdings besteht die Bedeutung dieser Bewegung darin, dass Frauen nun die Startlinie in ihrer Ermächtigung überschritten haben, die sie letztlich dazu führen könnte, eine aktive Rolle in einer Gemeinschaft inne zu haben, von der sie die Hälfte ausmachen. Aus diesem Grund dürfen Nachrichten über ihre schwache Beteiligung an den Wahlen nicht die Wahrnehmung dieser realen und historischen Entwicklung verzerren.

Wichtige Nachricht

Frauen als Kandidatinnen zu haben, ist eine wichtige Botschaft an die Gemeinde. Es zeigt, dass der Staat sich um die Beteiligung von Frauen kümmert und um die Stärkung ihrer Rechte. Der Weg ist hart und komplex aufgrund der sozialen Bedingungen im Königreich. Es ist nie einfach gewesen - und es ist immer noch sehr schwierig.

Die Bedeutung dieser Bewegung besteht darin, dass Frauen nun die Startlinie in ihrer Ermächtigung überschritten haben.

Seit den sechziger Jahren hat jede offizielle Entscheidung einige schwierige Dilemmas nach sich gezogen, aber am Ende hat die konservative Gesellschaft die Entscheidungen genehmigt: in Bezug auf die Bildung von Mädchen, die nach Geschlechtern getrennten Universitäten, die

Beschäftigung von Frauen, Frauen, die im Medizin- und Pflegebereich Fuß fassen, nationale Personalausweise für Frauen, Stipendienprogramme im Westen, die Zuweisung von 20 Prozent der Schura-Rats-Sitze ausschließlich an sie, und schließlich, dass sie an den kommunalen Wahlen teilnehmen. Nun gingen sie einen Schritt weiter, indem sie Frauen erlauben, bei den bevorstehenden Wahlen der Gemeinde zu kandidieren und zu wählen.

Nicht einfach

Das Problem von solchen wichtigen Entscheidungen ist, dass sie an der Basis eingeführt werden müssen, was keine leichte Aufgabe ist. Frauen sollten überzeugt werden, Kandidatinnen zu sein, und Männer sollten es befürworten, mit Frauen in den Räten zu arbeiten.

Vor allem, dass Frauen zu den Urnen gehen, sollte gefördert werden. Es wird vielleicht anfangs nicht funktionieren, wie es der Fall in einer Reihe von benachbarten Golfstaaten war. Dennoch sollte der Erfolg der Integration und Teilhabe von Frauen nicht daran gemessen werden, wie viele in diesem Stadium partizipieren. Vielmehr sollte es einen Unterschied in ihren Rechten geben, und dann, nach einem Jahrzehnt oder zwei Jahrzehnten, würden wir in der Lage sein, den Unterschied zu sehen.

Die politischen Botschaften hinter diesem Schritt ist viel wichtiger als die Tatsache, wie viele Frauen partizipieren. Dieser Schritt zeigt ohne Zweifel, dass Frauen Vertrauen gewährt wurde, und dies unterstreicht ihre Unterstützung. Doch am Ende werden die Frauen entscheiden, ob sie teilnehmen oder nicht.

Die Rolle der Frauen in Saudi-Kommunalwahlen ist ein großer Schritt

Es macht uns stolz, Saudi-Frauen zum ersten Mal an den Wahlen teilnehmen zu sehen. 979 Frauen nehmen als Kandidatinnen an den bevorstehenden Kommunalwahlen teil. Das ist eine große Zahl, und es ist ein großer Schritt vorwärts in einem Land, das einigen internationalen Organisationen zufolge Frauen im weltweiten Vergleich besonders exkludierend behandelt.

Saudi-Arabien hat die niedrigsten Ränge des Weltwirtschaftsforums auf der Liste der Länder in Bezug auf Geschlechtergleichheit besetzt, obwohl Frauen 20 Prozent der lokalen Arbeitskraft inne haben. Gemäß dem Gender Parity Report von 2008 war das Königreich unter den rangniedrigsten

Ländern in Bezug auf die politische Teilhabe der Frauen, mit dem niedrigsten möglichen Wert von Null.

Keine Gesellschaft kann sich bewegen, wenn sie die Präsenz der Hälfte der Bevölkerung in Bezug auf ererbte staatliche Vorschriften oder Traditionen behindert.

Saudi-Frauen haben heute große Fortschritte in verschiedenen Bereichen erreicht. Sie haben 30 Sitze im Schura-Rat, nachdem eine 20 Prozent-Quote gewährt wurde. Diese Frauen haben es geschafft, positiv zu den Diskussionen, Ideen und Abstimmungen des Rates beizutragen. Der Rat prüft derzeit alle Vorschriften, die als hinderlich für Frauenrechte und Arbeit berücksichtigt werden.

Im Hinblick auf die bevorstehenden Kommunalwahlen werden nicht nur Frauen als Wähler teilnehmen, sondern auch als Kandidaten für öffentliche Ämter, was bisher Männern vorbehalten war. Wie ich bereits in einem früheren Artikel darleget haben, ist das, was wichtig ist, nicht das Ergebnis, sondern, dass Frauen sich beteiligen und beteiligt werden.

Eine wichtige Erklärung

Auch wenn keine dieser weiblichen Kandidaten bei den Wahlen gewinnt, allein ihre Teilnahme ist gleichbedeutend mit einer wichtigen Erklärung bezüglich der Gegenwart und Zukunft des Landes.

Keine Gesellschaft kann sich bewegen, wenn sie die Präsenz der Hälfte der Bevölkerung in Bezug auf ererbte staatliche Vorschriften oder Traditionen behindert, vor allem in Anbetracht dessen, dass Saudi-Frauen viele Herausforderungen gemeistert und Erfolge in der Bildung und in wissenschaftlichen Bereichen und auf dem Arbeitsmarkt erzielt haben, sowohl innerhalb als auch außerhalb der Königreich. Es ist auch nicht richtig, dass es auf allen Bildungsstufen mehr weibliche als männliche Studenten gibt und doch für Frauen am Rande der Gesellschaft gehalten werden.

Es gab in diesem Bereich erhebliche Veränderungen. Zum Beispiel denken viele Väter und Ehemänner, dass die Beschäftigung von Frauen zu einer Notwendigkeit geworden ist, weil Frauen Ernährer geworden sind nicht mehr eine Belastung für die Familie darstellen. Das Beharren von Saudi-Frauen darauf, zu arbeiten und die niedrigen Löhne ebenso wie die Risiken langer Strecken über gefährlichen Straßen im Kauf zu nehmen, um jeden Tag zur Arbeit zu fahren, spiegelt einen echten Kampf wider, der in jeder anderen Gesellschaft selten ist. Dies ist ein Beweis für das Beharren und die Entschlossenheit der Frauen. Sie können daher nicht an den Rand gedrängt werden, nur weil eine bestimmte Kategorie die Idee der Beschäftigung von Frauen verweigert – von Einigen wird sogar die Idee zurückgewiesen, dass Frauen außerhalb ihrer Häuser unterwegs sind. Das ist ein sozialer Kampf, und ich bin froh, dass die Regierung sich auf die Seite der Frauen geschlagen hat und sie an den Wahlen beteiligt und damit eine klare Botschaft an alle sendet.

Ehrlich gesagt, habe ich nicht erwartet, dass eine so große Anzahl von Frauen, fast tausend, für ein Amt kandidiert. Soziale Hindernisse, die in der Regel Frauen daran hindern, ein Büro zu leiten und von einer Abstimmung abhalten, führten mich zu der

Schätzung, dass die Zahl der Bewerber nicht 50 überschreiten würde.

Was Frauen in den Gemeinderäten tun werden, kommt ihnen zugute. Frauen sind in ihrer Nachbarschaft wichtig, da sie lokale Probleme besser kennen als Männer, die die meiste Zeit außerhalb ihrer Häuser und der näheren Umgebung verbringen.

Die Rolle dieser Räte wird mit der Zeit Fortschritte machen. Frauen sind derzeit Teil des Legislativrates des Staates und werden Teil der Gemeinderäte sein, und damit werden ihnen Beschäftigungsmöglichkeiten in Bereichen gewährt werden, die einst exklusiv Männern vorbehalten waren. Gesetze, die die Beschränkungen für die Familie der Frauen und die administrativen Auflagen verringern, werden ebenfalls untersucht werden. Es ist erst seit Kurzem der Fall, dass Frauen ihre eigenen, unabhängigen Ausweise gewährt werden.

Es gab bestimmte Fehler, wie die Ablehnung Gesetzesentwurfs, der Frauen vor Belästigung zu schützen anstrebte. Aber ich bin zuversichtlich, dass dieser Gesetzentwurf geprüft werden und von der Mehrheit der Schura-Rats-Mitglieder abgesegnet werden wird, die die Größe des Protestes gegenüber früheren Entscheidung erkannten.

Die Erfahrungen von Frauen in Golf Gesellschaften können nicht voneinander getrennt werden. Eine der erfreulichen Leistungen ist jene betreffs Dr. Amal Al-Qubaisi, der zum Präsidenten des Federal National Councils in den Vereinigten Arabischen Emiraten ernannt wurde. Dies ist eine erweiterte politische Bewegung mit vielen bedeutenden Indikationen.

Saudi-Arabiens Al-Janadriyah und Jahre der intellektuellen Debatte

Einige Leute erwarteten, dass das Al-Janadriyah Kultur- und Kulturerbe-Festival – das in diesem Jahr zum dreißigsten Mal stattfinden wird – sein Ende finden würde, vor allem nach dem Tod von Saudi-König Abdullah bin Abdulaziz. Allerdings hat sich das Festival so gut entwickelt, dass es unter der Schirmherrschaft von König Salman veranstaltet wird.

Warum ist Al-Janadriyah also wichtig? Es ist wichtig, weil es ein Teil unserer modernen Kulturgeschichte ist. Dieses saudische multikulturelle Forum gibt uns einen Einblick in die letzten drei Jahrzehnte, in denen sich verschiedene politische und kulturelle Ereignisse entfaltet haben.

Es ist keine Übertreibung, zu sagen, dass in diesen 30 Jahren das Forum eine wichtige Rolle bei der Generierung von verschiedenen Ideen im konservativen Saudi-Reich spielte und damit Material für Diskussionen und Seminare während des Forums lieferte.

Natürlich, manchmal ist das Festival nicht in der Lage gewesen, bei intellektuellen Debatten mitzuhalten, was impliziert, dass es Kontroversen um das Forum und die es umgebende Gesellschaft gibt. Das ist normal, wenn man die Zeiten berücksichtigt, in denen diese Kontroversen aufgetaucht sind.

Die meisten der Al-Janadriyah Festivals wurden dafür ausgezeichnet, eine Arena für ideologische und politische Diskussionen in einer Atmosphäre der Offenheit zu sein.

Die meisten der Al-Janadriyah Festivals wurden dafür ausgezeichnet, eine Arena für ideologische und politische Diskussionen in einer Atmosphäre der Offenheit zu sein. Sie haben die Tür für andere geöffnet, ihre Ansichten zu äußern.

Im Laufe der Jahre hat das Festival mehrere Runden von ideologischen Diskussionen erlebt, die von Intellektuellen besucht wurden. Diese Teilnehmer sind oft diejenigen, denen das Betreten des Königreichs verboten ist, wie Kommunisten und extremistische Islamisten. Darunter befinden sich auch Westler enthalten, Russen, Iraner oder Araber, die politisch den saudischen Staat entgegengesetzt sind.

Keinen Themen wurden Grenzen gesetzt; die Sahwa- Bewegungen, deie Moderne, das Ende der Geschichte, die Beziehungen mit anderen sowie moderne politische und dogmatische Kontroversen waren oft

Gegenstand der Diskussion. Als Folge davon standen viele Personen während des Festivals im Spotlight der Ereignisse. Einigen dieser Personen war das Betreten des Landes verboten; es wurden jedoch Ausnahmen gemacht, um sie als Gäste aufzunehmen.

Kulturbrücke

Al-Janadriyah hat eine wichtige Rolle bei der Gestaltung der Beziehungen der saudischen Elite und derjenigen, die an ihrer Kultur interessiert sind, mit anderen Personen gespielt. Es hat Gedankenaustausch erleichtert. Die Teilnehmer haben andere beeinflusst und wurden i beeinflusst.

Das Festival vermittelte am Anfang den Eindruck, ein Propagandaprojekt zu sein, aber es ist im Laufe der Jahre zu einer bedeutenden Plattform geworden für politische und kulturelle Aktivitäten. Da einige Leute an die Dosis Mut nicht gewöhnt waren, die das Festival abverlangte, versuchten sie es zu beschränken. Allerdings hat der Mut sich gehalten. Einige versuchten, das Festival auf Unterhaltung und folkloristische Aktivitäten zu beschränken, aber sein Programm nahm weiterhin verschiedene Ideen auf.

Al-Janadriyah ist mehr als ein jährliches Forum und Festival, da es eine wichtige Rolle bei der Überbrückung der Lücke gespielt hat. Jetzt, wo es sein dreißigstes Jahr erreicht hat, verdient es, eine ständige Einrichtung zu werden, die die Veränderungen, die sich im Reich und in der Region bei verschiedenen Veranstaltungen berücksichtigt.

Saudi-Arabien sollte ein Zentrum des Dialogs und der intellektuellen Entwicklung werden. Dies ist, wofür die arabische

Halbinsel bekannt war, und das ist, was seine Geschichte auszeichnet. Es ist nicht möglich, Entwicklung umzusetzen, ohne Raum zur Diskussion von Ideen und das Halten von Dialogen mit Menschen aus der ganzen Welt.

Al-Janadriyah hat eine echte Chance geschaffen, das Erbe der Bürger des Reichs zu feiern. Es ist ein Museum geworden, das Millionen von Bürgern besuchen, um ihre Geschichte zu erinnern, die sonst über zu dem schnellen Tempo des Lebens in Vergessenheit gerät.

Wenn Diener das Streitthema sind

Wenn ein Forscher oder ein Historiker unsere Anliegen und Lebensgewohnheiten bewertet, wird er zunächst eine ängstliche Gesellschaft vorfinden, die nicht mit wichtigen Fragen beschäftigt ist, sondern mit marginalen wie dem Thema Hausangestellte. Damit meine ich kein Abweichen von diesen Randfragen, aber es gibt Veränderungen in unserer Prioritätensetzung, die eine luxuriöse Gesellschaft ohne größere Belastungen widerspiegelt oder einer Gesellschaft, die ihren Kompass verloren hat.

Unsere Geschichte wird mit Bruchstücken von Nachrichten markiert werden, wie zum Beispiel jener, dass eine Köchin das Baby ihres Arbeitgebers in einem Kessel kocht, ein Arbeiter seine „Besitzer" für 20 Jahre in eine Scheune in einer Wüste sperrt, oder Nachrichten, die Kontakte zwischen hochrangigen Beamten belegen, die versuchen, den Fall zu lösen, dass Philippinen und Indonesien ihren Bürgern verbieten, zu verreisen, da sie als Hausangestellte arbeiten, und eine andere, die bestätigt, dass Sri Lanka nicht seine Bürger davon abhält, zu arbeiten, nachdem eine Magd, der Tötung eines Säuglings beschuldigt, exekutiert worden war.

Die Geschichte der srilankischen Zofe war überall in den Nachrichten. Sie sagt, er sei erstickt, während seine Eltern darlegten, dass sie ihn erstickt habe. Der Arbeitsminister ist der berühmteste unter den Ministern geworden und der attraktivste für die Presse, nachdem er eine Steuer auf die Einstellung ausländischer Arbeiter durchgesetzt hat. Die Reaktionen auf die Entscheidung des Ministers wichen voneinander ab, sodass er von einigen, vor allem von der Lobby der Unternehmer, gehasst und von anderen, vor allem von jungen Leuten, geliebt wurde.

Hausangestellte sind ein wichtiger Bestandteil der Volkswirtschaft geworden. Nach Jahren der Abwärtsbewegungen von Saudi-Unternehmen auf dem Markt als Folge des Zusammenbruchs des Aktienmarktes, war die einzige gute und gelingende Idee Unternehmen mit Hausangestellten zu gründen. Die Idee sollte Probleme der Bestechung und des Sponsorings beseitigen. Während Familien sich über niedriges Einkommen beschweren, belegen Statistiken zur saudischen Wirtschaft, dass mehr als 100 Milliarden Rial durch ausländische Arbeiter getätigt werden, vor allem durch jene im Haushalts beschäftigten.

Gesellschaftlich wichtig

Beim Lesen einer Zusammenfassung über die Gesellschaft, wird der Sozialforscher eine offene Verbindung zwischen dem Scheitern der saudischen Frau, ihr Recht zu erlangen, ein Auto fahren zu dürfen, und dem einfachen System, Fahrer zu beschäftigen, finden. Letzteres hat den Saudis ermöglicht, mit dem Fahrverbot für Frauen zu leben, indem sie etwa eine Million Männer aus der ganzen Welt als Fahrer zu arbeiten erlaubten. Der Familienvater zahlt rund 300 Dollar pro Monat für einen Fahrer.

Im Gegensatz dazu werden die Forscher eine sozial weniger flexible Verbindung finden, die alte Verbote ungültig werden ließ – aufgrund der zunehmenden Anzahl von ausländischen Frauen, die in Häusern arbeiten, jene von konservativen Familien eingeschlossen. Mit dem Eintritt der gewaltigen Armee von Hausangestellten wurden neue Traditionen von diesen fremden Frauen in Saudi-Haushalte gebracht.

Daher ist es nicht verwunderlich, dass das Thema der Hausangestellten ein entscheidendes ist, das die staatlichen Institutionen in Atem hält. Es ist nicht verwunderlich, dass diese Frage unter den wichtigsten Fragen für die Bürger zu sein scheint. So, wie Staaten das Leben der Gesellschaft beeinflussen können, können sie den Markt mit Gemüse, Dienern oder Zementsäcken füllen. Der Staat mit seinen Apparaten und Entscheidungen hat ein enormes Potenzial, die Bürger in jede Richtung zu schieben, die er für angemessen hält. Er kann sie in Richtung Nanotechnologie schieben und fünf Millionen Studenten dazu befähigen, eine wissenschaftliche Gesellschaft wie in Südkorea und Finnland zu etablieren. Er kann Mädchen dazu führen, die gleichen Möglichkeiten und Zukunftsperspektiven wie alle Kinder zu haben, oder er kann sie auf dem Rücksitz des Autos sitzen lassen und hoffen, dass sie ein Leben außerhalb landwirtschaftlicher Betriebe und Büros akzeptieren.

Die offizielle Staatsmacht kann den Ausbau der Dörfer erweitern und sie in Städte verwandeln. Die Staatsgewalt mit ihren Entscheidungen kann der Grund für den Wohlstand oder für Probleme in der Stadt sein.

Hausangestellte sind eine vorrangiges Problem, das bedeutet, dass diese Gesellschaft nicht ausgelastet ist mit ihren Grundlagen, Ressourcen zu entwickeln und eine unabhängige Zukunft aufzubauen. Der Staat kann hier nicht verhindern, dass

Menschen ihre Häuser mit importierten Hausangestellten füllen. Familien werden nicht aufhören, die Hilfe eines Hausangestellten zu nutzen, dessen Lohn sehr gering ist, weil es eine komfortable Lösung ist. Aber morgen, wenn die Ressourcen verdampfen und faule Generationen in Erscheinung treten, wird der Preis enorm sein. Wenn der Hausinhaber Geld ausgegeben hätte, wie er es für Diener tut, im Sinne der Ausbildung und Rehabilitation seiner Kinder, würde er beides geändert haben, sowohl die Geschichte als auch die Zukunft.

Wenn Diener die Ursache sind

Wenn ein Forscher oder ein Historiker unsere Anliegen und Lebensgewohnheiten bewertet, wird er zunächst eine ängstliche Gesellschaft vorfinden, die nicht mit wichtigen Fragen beschäftigt ist, sondern mit marginalen wie dem Thema Hausangestellte. Damit meine ich kein Abweichen von diesen Randfragen, aber es gibt Veränderungen in unserer Prioritätensetzung, die eine luxuriöse Gesellschaft ohne größere Belastungen widerspiegelt oder einer Gesellschaft, die ihren Kompass verloren hat.

Unsere Geschichte wird mit Bruchstücken von Nachrichten markiert werden, wie zum Beispiel jener, dass eine Köchin das Baby ihres Arbeitgebers in einem Kessel kocht, ein Arbeiter seine „Besitzer" für 20 Jahre in eine Scheune in einer Wüste sperrt, oder Nachrichten, die Kontakte zwischen hochrangigen Beamten belegen, die versuchen, den Fall zu lösen, dass Philippinen und Indonesien ihren Bürgern verbieten, zu verreisen, da sie als Hausangestellte arbeiten, und eine andere, die bestätigt, dass Sri Lanka nicht seine Bürger davon abhält, zu arbeiten, nachdem eine Magd, der Tötung eines Säuglings beschuldigt, exekutiert worden war.

Die Geschichte der srilankischen Zofe war überall in den Nachrichten. Sie sagt, er sei erstickt, während seine Eltern darlegten, dass sie ihn erstickt habe. Der Arbeitsminister ist der berühmteste unter den Ministern geworden und der attraktivste für die Presse, nachdem er eine Steuer auf die Einstellung ausländischer Arbeiter durchgesetzt hat. Die Reaktionen auf die Entscheidung des Ministers wichen voneinander ab, sodass er von einigen, vor allem von der Lobby der Unternehmer, gehasst und von anderen, vor allem von jungen Leuten, geliebt wurde.

Hausangestellte sind ein wichtiger Bestandteil der Volkswirtschaft geworden. Nach Jahren der Abwärtsbewegungen von Saudi-Unternehmen auf dem Markt als Folge des Zusammenbruchs des Aktienmarktes, war die einzige gute und gelingende Idee Unternehmen mit Hausangestellten zu gründen. Die Idee sollte Probleme der Bestechung und des Sponsorings beseitigen. Während Familien sich über niedriges Einkommen beschweren, belegen Statistiken zur saudischen Wirtschaft, dass mehr als 100 Milliarden Rial durch ausländische Arbeiter getätigt werden, vor allem durch jene im Haushalts beschäftigten.

Gesellschaftlich wichtig

Beim Lesen einer Zusammenfassung über die Gesellschaft, wird der Sozialforscher eine offene Verbindung zwischen dem Scheitern der saudischen Frau, ihr Recht zu erlangen, ein Auto fahren zu dürfen, und dem einfachen System, Fahrer zu beschäftigen, finden. Letzteres hat den Saudis ermöglicht, mit dem Fahrverbot für Frauen zu leben, indem sie etwa eine Million Männer aus der ganzen Welt als Fahrer zu arbeiten erlaubten. Der Familienvater zahlt rund 300 Dollar pro Monat für einen Fahrer.

Im Gegensatz dazu werden die Forscher eine sozial weniger flexible Verbindung finden, die alte Verbote ungültig werden ließ – aufgrund der zunehmenden Anzahl von ausländischen Frauen, die in Häusern arbeiten, jene von konservativen Familien eingeschlossen. Mit dem Eintritt der gewaltigen Armee von Hausangestellten wurden neue Traditionen von diesen fremden Frauen in Saudi-Haushalte gebracht.

Daher ist es nicht verwunderlich, dass das Thema der Hausangestellten ein entscheidendes ist, das die staatlichen Institutionen in Atem hält. Es ist nicht verwunderlich, dass diese Frage unter den wichtigsten Fragen für die Bürger zu sein scheint. So, wie Staaten das Leben der Gesellschaft beeinflussen können, können sie den Markt mit Gemüse, Dienern oder Zementsäcken füllen. Der Staat mit seinen Apparaten und Entscheidungen hat ein enormes Potenzial, die Bürger in jede Richtung zu schieben, die er für angemessen hält. Er kann sie in Richtung Nanotechnologie schieben und fünf Millionen Studenten dazu befähigen, eine wissenschaftliche Gesellschaft wie in

Südkorea und Finnland zu etablieren. Er kann Mädchen dazu führen, die gleichen Möglichkeiten und Zukunftsperspektiven wie alle Kinder zu haben, oder er kann sie auf dem Rücksitz des Autos sitzen lassen und hoffen, dass sie ein Leben außerhalb landwirtschaftlicher Betriebe und Büros akzeptieren.

Die offizielle Staatsmacht kann den Ausbau der Dörfer erweitern und sie in Städte verwandeln. Die Staatsgewalt mit ihren Entscheidungen kann der Grund für den Wohlstand oder für Probleme in der Stadt sein.

Hausangestellte sind eine vorrangiges Problem, das bedeutet, dass diese Gesellschaft nicht ausgelastet ist mit ihren Grundlagen, Ressourcen zu entwickeln und eine unabhängige Zukunft aufzubauen. Der Staat kann hier nicht verhindern, dass Menschen ihre Häuser mit importierten

Hausangestellten füllen. Familien werden nicht aufhören, die Hilfe eines Hausangestellten zu nutzen, dessen Lohn sehr gering ist, weil es eine komfortable Lösung ist. Aber morgen, wenn die Ressourcen verdampfen und faule Generationen in Erscheinung treten, wird der Preis enorm sein. Wenn der Hausinhaber Geld ausgegeben hätte, wie er es für Diener tut, im Sinne der Ausbildung und Rehabilitation seiner Kinder, würde er beides geändert haben, sowohl die Geschichte als auch die Zukunft.

ISIS ist auch ein Saudi-Problem

Diejenigen, die nicht lesen, was Führer des Islamischen Staates im Irak und in Syrien (ISIS) schreiben, und diejenigen, die nicht der Gruppe Videos ansehen, können nicht erkennen, dass es viele Feinde hat, allen voran Saudi-Arabien. ISIS hat eine lange Liste von Konkurrenten weltweit, wie die Vereinigten Staaten und zuletzt Russland, sowie die europäischen Regierungen, Ägypten, Irak und Jordanien. ISIS ist auch sowohl das syrische Regime zu bekämpfen und die Opposition.

Seit zwei Jahren hat sich die Organisation aktiv heftige Propaganda gegen Saudi-Arabien und die Monarchie, verbreiten Menschen zu rebellieren gegen sie zu drängen. Es gibt viele Saudi-Kämpfer in ISIS Rängen, und die Regierung macht sich

Sorgen, dass sie vielleicht eines Tages wieder in das Land, aus dem Irak und Syrien schleichen ISIS Projekt umzusetzen.

Ähnlichkeiten mit der Al-Nusra Front

Das Gleiche gilt für die terroristische Al-Nusra Front, die sich als Oppositionsgruppe präsentiert, die nur feindlich gegenüber dem syrischen Regime ist. Sie ist eine Erweiterung von Al-Qaida und zeigt Loyalität dieser gegenüber. Obwohl sie ISIS bekämpft, sind ihre Ziele ähnlich.

Die Organisation hat aktiv heftige Propaganda gegen Saudi-Arabien und die Monarchie verbreitet und verleitet Menschen dazu, gegen diese zu rebellieren.

Al-Nusra Front-Kämpfer haben zuvor Saudi-Arabien bedroht. Das ist, warum wir die Ziele der regionalen Regierungen zweifeln, die sie unterstützen, weil ihr größtes Projekt ist Saudi-Arabien, die für Terroristen stellt das gelobte Land und den Weg zu Legitimität zu attackieren.

Terroristen betrachten Syrien eine Basis, Zug und Start-Operationen zu sammeln, wie sie zuvor mit Afghanistan getan haben. Zunächst Al-Nusra Front-und ISIS getäuscht Menschen mit der Idee, dass sie ungerecht sektiererische Regime im Irak und in Syrien zu kämpfen gebildet wurden, damit Menschen die Missstände zu nutzen. Al-Qaida taten das gleiche in Afghanistan und im Irak.

Doch in Syrien und dem Irak von Al-Nusra Front-und ISIS haben schnell arabische und muslimische öffentliche Meinung gegen sie begangenen Verbrechen geworden, im Gegensatz zu Al-Qaida, die Medien und religiöse Propaganda in ihrer Verteidigung genossen.

Diejenigen, die mit Al-Nusra Front-oder ISIS sympathisieren wagen es nicht, dass die Sympathie in Saudi-Arabien zum Ausdruck bringen. In einigen Fällen haben die Verehrer Prediger vertrieben, die Kommentare zum ISIS gewagt haben. Die Bürger können jetzt zwischen nationalistischen Gruppen, Rebellen gegen Ungerechtigkeit und terroristischen Gruppen unterscheiden, die Chaos erleichtern.

ISIS im Irak hat mehrere Masken getragen. Sie machte geltend, von Stammesgruppen gebildet werden, dann porträtiert sie sich als mit Baathisten ausgerichtet sind, und später behauptete es sich um eine gemischte Armee unter-Naqshbandiyyah Führung war. ISIS ist die größte, gefährlichste Macht im Irak - viele Menschen wurde sich dessen bewusst, nachdem er Mosul und eine Reihe von

Städten in der Provinz Anbar besetzt. Heute ist nicht nur Bagdad bedroht, sondern die Grenzen Saudi-Arabiens.

Der Türkei und naher Osten

Warum greift der ISIS die Türkei an?

Die türkischen Behörden haben bestätigt, dass die Täter des Selbstmordanschlags auf den Flughafen Istanbul Mitglieder des Islamischen Staates im Irak und in Syrien (ISIS) sind und aus der syrischen Provinz Raqqa stammen, der Zentrale des „Kalifats". Seine Motive bestehen möglicherweise darin, gegen Ankara Vergeltungsschläge auszuüben für das Blockieren von Geld und Kämpfertransfers. Außerdem wird die Türkei in einen Krieg gegen ISIS in Zusammenarbeit mit den Vereinigten Staaten tätig und hat sich mit Russland und Israel verbündet. Die Organisation könnte auch Forderungen wie die Freilassung von Gefangenen äußern.

Was sich geändert hat, ist, dass die Türkei bislang verweigerte, ISIS- Handel wahrzunehmen, so wurde das Land als Hauptumschlagsort verwendet. Allerdings rechtfertigt der Zorn der Organisation gegen Ankara den Angriff nicht. Es gibt eine lange Liste von Feinden, die wichtiger als ISIS-Ziele sind. Darüber hinaus wird der Angriff die Haltung der Türkei gegen sie festigen.

Infiltration?

ISIS ist höchstwahrscheinlich infiltriert worden, zumal viele seiner Aktivitäten gegen seine Ideologie gerichtet sind. An zwei aufeinander folgenden Tagen führte er Angriffe gegen zwei Gegner des syrischen Regimes aus: die libanesische Forces Partei und die Türkei.

Die Angriffe auf die libanesischen Streitkräfte widersprechen dem, was ISIS über das syrische Regime und die Hisbollah-

Ziele äußert. Die Beteiligung von acht Selbstmordattentätern an der durch die Lebanese Forces kontrollierten Stadt Qaa, die ihren Einfluss auf die Konfliktzone beschränkt hat, ist seltsam, größer als erwartet und beispiellos.

ISIS ist höchstwahrscheinlich infiltriert worden, zumal viele seiner Aktivitäten gegen seine Ideologie gerichtet sind.

Die wiederholte Ausrichtung der Türkei fördert die Idee, dass ISIS infiltriert wurde. Al-Qaida kooperierte üblicherweise mit dem syrischen Regime und der irakischen Opposition gegen US-Truppen im Irak. Wenn ISIS während des syrischen Aufstands aufstieg, war es eine Erweiterung von Al-Qaida. Sie kämpfte gegen verschiedene Fraktionen, darunter die Freie Syrische Armee (FSA), islamistische

Gruppen, das syrische Regime und seine Verbündeten.

Trotz seines ideologischen Fanatismus verwehrt ISIS sich dagegen, mit den Gegnern zusammen zu kooperieren. Es arbeitet mit dem syrischen Regime gegen die Türkei. Es hat mit den Baath-Partei Gruppen im Irak zusammengearbeitet, auch wenn es sie diffamiert. Es arbeitet mit dem syrischen Regime und verkauft Öl an diese.

Einige beschuldigen Russland für den Terrorismus in der Türkei, aber es gibt keinen Beweis dafür. Vielleicht hat Moskau das größte Interesse daran, die Türkei zu schwächen, zumal es Ankara bedroht, nachdem es ein russisches Kampfflugzeug über der Grenze zu Syrien abgeschossen hat, und die Türkei darum bittet, seine Aktivitäten dahingehend zu beenden, mit bewaffneten Gruppen gegen das syrische Regime zusammenzuwirken.

Allerdings war von den Russen nie bekannt, dass sie zu infiltrieren und islamistische Gruppen auszunutzen imstande seien, wie das syrische Regime, dessen Geheimdienste mehr als 30 Jahre solche Erfahrungen gesammelt haben, die palästinensische und libanesische extremistische Gruppen betreffen.

Ob der Drahtzieher des Anschlags auf den Istanbuler Flughafen ISIS oder die Nachrichtendienste des syrischen Regimes und ihre Verbündeten waren, es ist in Ankaras Interesse, nicht auf die syrische Revolution zu verzichten.

Die FSA hat mit der Zeit bewiesen, trotz aller seiner Schwächen und Verluste, dass sie die einzige syrische Gruppe ist, die Unterstützung verdient, da sie keine fremde Agenda hat, im Gegensatz zu anderen Oppositionsgruppen wie Al-Nusra Front- und Ahrar Al-Sham, die nicht so verschieden von ISIS sind, auch wenn sie an Operationen gegen die Türkei und ihre Verbündeten noch nicht beteiligt waren.

Ankaras Interesse liegt in einer militärischen Lösung gegen das syrische Regime, um eine angemessene politische Lösung zwischen dem Regime und der Opposition zu erreichen. Ohne militärische Erfolge wird auch weiterhin Chaos bestehen, weil das Regime gebrochen ist und nicht repariert werden kann.

Europas Flüchtlinge auszubilden ist ebenso wichtig, wie sie zu füttern

Mehr als eine Million Flüchtlinge aus der ganzen Welt sind in Europa angekommen, die als leichte Beute für extremistische Gruppen gelten.

Diese Gruppen erreichte Europa vor dem Zustrom von Flüchtlingen, und sie genießen eine größere Freiheit der Meinungsäußerung. Sie sind auch stärker engagiert in sozialen Aktivitäten. Die neueren Flüchtlinge, auf der anderen Seite, gingen auf der Suche nach einem neuen Leben nach Europa. Doch viele von wurden zum Ziel von Extremisten, die ihre Präsenz zu erweitern suchen. Sie sind darauf bedacht, Terroristen zu produzieren und verbreiten eine extremistische Ideologie, die diese Flüchtlinge in Gegner der Gesellschaft verwandelt, in der sie leben.

Seit Syrer aus ihrem vom Krieg verwüsteten Land in großen Stückzahlen zu fliehen begannen, wurden sie über die Türkei nach Europa geleitet. Dies markierte den Beginn einer neuen Phase in der Krise, die sich auch wahrscheinlich fortsetzen wird, wenn der syrische Konflikt gelöst ist. Eine Million Flüchtlinge, von denen die meisten Syrer sind, ist keine große Zahl auf einem Kontinent, der von rund 300 Millionen Menschen bewohnt wird. Die Zahl stellt auch eine Komplikation für Deutschland dar, dem größten Flüchtlingsgastgeberland, eine größere, als seine große Wirtschaft sie aushalten kann. Aber die durch diese Flüchtlinge gestellte Herausforderung ist noch größer im Bereich der geistigen, sozialen und sicherheitsbezogenen Fronten.

Es ist ebenso wichtig, sie zu erziehen, so dass sie sich leichter in die Gesellschaft integrieren und Versuchen von Extremisten, sie zu radikalisieren, widerstehen.

Es gibt reale Bedrohungen mit Blick auf diese Flüchtlinge, die Opfer des abstoßenden Kriegs sind, der mehr als 10 Millionen Syrer und ein paar Millionen Iraker zu Unrecht verdrängt hat. Die Flüchtlinge in Europa sind anfällig für Ausbeutung und dafür, in diesem Spiel ausgenutzt zu werden, das komplizierter und gefährlicher wird. Es gibt Kräfte, die um sie in Europa kämpfen, wie diejenigen, die sich den Flüchtlingen entgegenstellen, gegen Arbeitslosigkeit protestierende Parteien und Gruppen, die die syrischen und iranischen Regimes unterstützen. Natürlich sind die gefährlichsten jene, die mit Extremisten und

Menschen aus Terrorgruppen wie ISIS und der Al-Nusra Front zusammenwirken.

Herausforderung der Radikalisierung

Es wird im Interesse der deutschen und europäischen Behörden im Allgemeinen sein, präventiv dieses Problem zu lösen, indem diese Flüchtlinge nicht zum Opfer der Extremisten werden, die sie unter dem Vorwand der humanitären Hilfe beeinflussen. Diese Flüchtlinge müssen intellektuell ausgestattet sein, mit Würde und als Gemeinschaftsteil in der neuen Gesellschaft leben, die sie aufgenommen hat; eine Gesellschaft, die ihre Rechte und Überzeugungen respektiert und dies auch von den Flüchtlingen erwartet. Die europäischen Regierungen und die Bürger sind derzeit auf die Unterstützung dieser Flüchtlinge konzentriert. Ihnen werden Essen und Unterkunft zur Verfügung gestellt, während ihre Papiere verarbeitet werden. Doch was so ebenso wichtig ist, ist die Aufklärung, so dass sie sich leichter in die Gesellschaft integrieren und Versuchen von Extremisten, sie zu radikalisieren, widerstehen. Die Regierungen können nichts tun, aber androhen, jeden zu vertreiben, der nachweislich in extremistische Aktivitäten eingebunden ist, wie in Deutschland der Fall. Dieser Ansatz richtet sich nur auf einen kleinen Prozentsatz der 1 Million Flüchtlinge. Die größte Herausforderung besteht darin, die Mehrheit der Flüchtlinge intellektuell gegenüber Versuchen von Extremisten zu stärken, sich von dankbar hin zu abscheulich und in Extremisten zu verwandeln, die ihre neue Gesellschaft ablehnen und mit ihr kollidieren.

Ich bin zuversichtlich, dass es möglich ist, eine Kultur des Zusammenlebens und der Toleranz zu verbreiten, die abgeleitet

werden kann aus der muslimischen und
mittelöstlichen Kultur der Flüchtlinge, die in
den letzten drei Jahrzehnten wegen
extremistischer und verhasster Ideologien
und fortwährender Kriege
zusammengebrochen ist.

Damals und heute

Yassines Brief wurde vier Jahre nach dem Weltkrieg geschrieben und stand unter dem Zeichen von Machtkämpfen mit der Sowjetunion um ihren Einfluss im Mittleren Osten Targeting.

Es waren vier Jahre seit dem Ende des Zweiten Weltkriegs vergangen. Es gab Kämpfe um Einfluss mit der Sowjetunion, die im Nahen Osten zu expandieren begonnen hatte. Heute ist die Sachlage sehr ähnlich. Der aktuelle Besuch des Saudi-Stellvertreters des Kronprinzen Mohammad bin Salman in den Vereinigten Staaten findet zu einem Zeitpunkt statt, zu dem die bilateralen Beziehungen angespannt sind. Wie in der Botschaft im Jahr 1949 realisiert Riyadh die Bedeutung einer Supermacht und will starke Beziehungen zu ihr, aber zu

Bedingungen, die gegenseitigen Interessen dienen.

Eines der prominentesten Probleme heute ist die Aufgabe der Unterstützung arabischer Länder wie Saudi-Arabien durch Washington angesichts der iranischen Expansion und Bedrohungen. Die Offenheit nach Teheran geht auf Kosten der arabischen Länder, da die neue Beziehung nicht damit verbunden ist, feindliche Aktivitäten in der Region zu stoppen, auch im Irak, in Syrien, im Jemen und den arabischen Golfstaaten.

Washington Aufgabe seiner bisherigen Haltung hat zwischen ihm und Riad alle politischen Berechnungen verwirrt und verleitete jeden Beteiligten dazu, andere Optionen zu suchen, zum ersten Mal seit der Ära von US-Präsident Franklin D. Roosevelt, der die Grundlagen der Beziehungen zu Saudi-Arabien im Jahr 1945 nach dem Ende des Zweiten Weltkriegs legte.

Wenn Washington Interessen am Golf halten möchte, muss es gemeinsame Interessen akzeptieren. Was in der Region aufgrund der US-amerikanischen politischen Neigung gegenüber dem Iran geschieht, ist kein Geheimnis. Als Ergebnis haben Ägypten, Saudi-Arabien, die Vereinigten Arabischen Emirate (VAE), Katar und anderen Länder die Beziehungen mit Russland und China verbessert.

Der Iran hat Waffen und Truppen nach Syrien, Irak und Jemen geschickt und sektiererische Milizen ausgebildet, um dort zu kämpfen. Dies hat die Saudi-US-Beziehungen angespannt werden lassen. Siebenundsechzig Jahre nach dem Brief erfordern diese Bindungen eine umfassende Diskussion, um die Grundlage zu verstehen, auf der beide Seiten miteinander umgehen müssen.

Einige Personen in Washington glauben, dass die Beziehungen zu Saudi-Arabien und den anderen Golfstaaten durch Beziehungen zum Iran ersetzt werden können, da die Iraner bereit sind, sich dem Westen zu öffnen und ihre Feindseligkeiten gegen ihn beendet haben. Ich glaube, Prinz Salmans aktueller Besuch in den Vereinigten Staaten stellt eine Chance dar, diese Diskussion zu öffnen.

Neue arabische Gipfel und Achsen

Arabische Gipfel sind die besten Vorschausendungen, um die Politik der Länder in der Region vorherzusagen. Bei diesen Gipfeln gibt es Kämpfe, die nie enden, die Energie der Länder wird erschöpft, und Berechnungen werden überdacht. Sie bieten Arabern nichts anderes als mehr Anstrengungen.

Während des Bagdad-Gipfels 1990 zeigte der irakische Präsidenten Saddam Hussein seine Überlegenheit gegenüber dem Rest der Präsidenten, indem er behauptete, über den Iran gesiegt zu haben. Hinter den Kulissen plante er eine Verschwörung und wollte mit Hilfe einer Allianz, gebildet mit vier anderen Ländern, in Kuwait eindringen. Drei Monate später wurde ein Gipfel in Ägypten veranstaltet, um ihn aus Kuwait zu

114

vertreiben und amerikanischen Truppen Legitimität zu gewähren, die das Land betreten würden.

Intraregionale Politik

In Beirut versuchten im Jahr 2002 die Damaskus-Achse und ihre Verbündeten, den späteren palästinensischen Präsidenten Yasser Arafat zu marginalisieren, der in seinem Büro in Ramallah belagert wurde. Die Damaskus-Achse versuchte Arafat daran zu hindern, seine Rede via Satellit übertragen zu lassen, aber Saudi-Arabien und die U.A.E intervenierten, um der Versuch zu vereiteln.

Die Wahrheit ist, dass der erste arabische Gipfel, der vor rund 67 Jahren in Anshas Palace in Ägypten einberufen wurde, selbst eine Verschwörung von sieben arabischen Ländern war.

Im selben Jahr, in dem der ehemalige libanesische Premier Rafik Hariri ermordet wurde, fand ein Gipfel in Algerien statt, der zu weiteren Streitigkeiten zwischen den saudischen und syrischen Achsen in Bezug auf den Libanon führte.

Während drei aufeinander folgenden Jahren wurden drei Gipfel veranstaltet, während der Krieg der Achsen tobte. Damaskus gegen Riad; der Achse Damaskus gelang es, den Gipfel in der syrischen Hauptstadt zu dominieren. Sie dominiert den Doha-Gipfel und den Gipfel in Libyen. In diesen politisch gestörten Jahren wurden die Araber gänzlich in zwei Kampflager geteilt.

Gipfel sind Spiegel, die Probleme reflektieren

Es ist nicht verwunderlich, dass Gipfel Spiegel sind, die Probleme reflektieren.

Gipfel offenbaren die miserablen arabischen Regimes. Wer die Reden gestern auf dem Gipfel in Doha gehört hat, wird wissen, in welche Richtung der Wind weht. Der ägyptische Präsident Mohammed Mursi hat mehr als einmal davor gewarnt, sich in die Angelegenheiten seines Landes einzumischen. Wir werden daher mit dem Beginn einer bevorstehenden Krise konfrontiert, zusätzlich zur Beschleunigung der Schaffung einer vorübergehenden syrischen Regierung, die eine Person übernehmen soll, von der niemand zuvor gehört hat. Es gibt auch Verschwörungen, die oft noch mehr Probleme verursachen und von denen niemand profitiert; wie das, was wir in der Phase der Belagerung von Hariri sahen und während der Phase der Verteidigung derer, die ihn getötet haben.

Die Wahrheit ist, dass der erste arabische Gipfel, der vor rund 67 Jahren in Anshas

117

Palace in Ägypten einberufen wurde, selbst eine Verschwörung von sieben arabischen Ländern war. Es gab den Verdacht, dass dieser Gipfel von General Clayton geplant gewesen sei, Leiter des Geheimdiensts in der englischen Armee, und Mr. Brjans, stellvertretender Direktor des englischen Geheimdiensts in Palästina. Das war ein Gerücht, von den Arabern verbreitet, die nicht gefordert hatten, einen Gipfel einzuberufen. Dieser Gipfel war jedoch derjenige, der Palästina als Staat zum ersten Mal bestätigte und der die Angelegenheit zu einem arabischen Thema machte.

Der Schlüssel zu einer Lösung in Syrien liegt im Golf

US-Außenminister John Kerry, der seine Bemühungen in den letzten Tagen verstärkt hat, die versprochene Genfer Konferenz zu halten, versucht, Zugeständnisse zu erreichen, die schließlich - und nach einer langen Reise von Verhandlungen - zu einer politischen Lösung der syrischen Tragödie führen werden.

Dies ist eine edle Aufgabe, aber das Beharren darauf, die reale nationalistische syrische Opposition zu marginalisieren und zu akzeptieren, dass Bashar Al-Assad Präsident bleibt, wird nur Schwierigkeiten ergeben, auch wenn eine vorläufige Vereinbarung in den bevorstehenden Verhandlungen unterzeichnet wird.

Die Golfstaaten wissen, dass es Selbstmord ist, Syrien dem iranischen Regime zu überlassen, das in ihrer Region wie Krebs wächst.

Keine Lösung kann akzeptiert werden, wenn die Golfstaaten und die Türkei es nicht unterstützen, da sie die Einzigen sind, denen die meisten Syrer

vertrauen, weil diese Länder von Beginn der schweren Zeiten an beigestanden haben. Daher ist der Schlüssel zur Lösung in der Golfregion und in der Türkei, nicht in Genf. Es macht keinen Sinn, für diese Länder ein Abkommen zu unterzeichnen und zu verteidigen, das Assad an der Macht hält. Der größte Teil der arabischen Welt wird dies ablehnen, weil er der schlimmste Verbrecher ist, der in der Region bekannt ist. Die Golfstaaten wissen, dass es Selbstmord ist, Syrien an das iranische

Regime zu überlassen, das in ihrer Region wie Krebs wächst.

US-Komplizen

Vielleicht ist es nützlich, Kerry zu erinnern, wie das Bild aus der arabischen Perspektive aussieht. Die Vereinigten Staaten haben die Sanktionen gegen den Iran aufgehoben und gewährten ihm Zugang zu 50000000000 $ in langfristige Vermögenswerte eingefroren. Sie kooperieren militärisch im Irak, und Washington drückt angesichts Teherans Management von multinationalen Milizen, die in Syrien kämpfen, ein Auge zu.

Die Vereinigten Staaten akzeptieren nicht nur das Assad-Regime, sondern bewahren auch Schweigen über die iranische Fälschung der syrischen Opposition, da sie eine Liste von Zahlen und Parteien aushängen will, von denen sie behauptet, dass sie Gegner des syrischen Regimes seien, wenn sie tatsächlich Teil davon sind. Mit anderen Worten, würde Assad durch sie mit sich selbst verhandeln. In der Geschichte der Konfliktlösung, haben wir noch nie eine Partei gekannt, die einer anderen Partei erklärte, wer sie repräsentieren solle.

Selbst wenn sie die Opposition den ganzen Weg zum Fluss ziehen, werden sie nicht in der Lage sein, sie zu zwingen, daraus zu trinken. Wenn ein Abkommen, das die Bildung einer Einheitsregierung vorsieht, unterzeichnet wird, wie Teheran hofft, wird es nicht einmal in der Lage sein, Müll zu sammeln - geschweige denn, die Kämpfe zu stoppen, Waffen zu sammeln, an der Rückkehr der Flüchtlinge in die Heimat zu arbeiten und die nationale Aussöhnung zu fördern – weil niemand seine Legitimität anerkennen wird.

Allerdings kann immer noch das syrische Volk gezwungen werden, eine Regierung zu akzeptieren, in der ein Regime, das sie hassen, im Preis inbegriffen ist. Sie können dies für ihren Wunsch nach Frieden tun, aber es macht keinen Sinn, sie darum zu bitten, zu akzeptieren, dass der Mann, der mehr als ein Drittel von einer Million Menschen ermordete, sie weiterhin regieren wird. Ich schließe die Möglichkeit von Golf-Regierungen und deren Akzeptanz durch die Türkei aus, da sie wissen, dass diese nur den Krieg in der Region eskalieren lassen werden.

Wie eine Bombe und ein Erdbeben arabische Gefühle verschoben

Zwei interessante Vorfälle ereigneten sich innerhalb von weniger als einem halben Tag nacheinander. Eine Explosion, die drei Menschen in einer amerikanischen Stadt tötete und ein schrecklichen Erdbeben, das den Iran traf und die gesamte Golf-Region durchschüttelte.

Wir alle wissen, dass in den vergangenen 15 Jahren seit den Angriffen des 11. Septembers 2001 die USA in einem ständigen Zustand der Angst und der Wachsamkeit leben. Sie waren aber imstande, sich in diesem Zeitraum auf einem hohen Sicherheitsniveau zu schützen.

Was den Iran betrifft, behielt er seine nuklearen Fähigkeiten trotz der Warnungen vor den politischen, militärischen und ökologischen Bedrohungen eines solchen Programms gegen die Region.

Die Veränderungsvisionen des Volkes

Wenn der Terrorismus und das iranische Atomprogramm nichts Neues sind, was sind sie dann?

Was neu ist, ist die Vision der Menschen und ihre automatische Reaktion auf beide Vorfälle. Als die Anschläge vom 11. September passierten, war die islamische und arabische öffentliche Meinung eher in Richtung eines entschuldigenden Ansatzes orientiert. Es gab einige, die die Angriffe rechtfertigten, und andere die diese Verbrechen verteidigten.

Den Iran mit seinem Atomprogramm betrachteten die Araber mit Bewunderung und Anerkennung. Aber das ist Vergangenheit. Heute jedoch ist der Iran das abscheulichste Land für Araber, weil die Wahrheit offenbart wurde.

Iran und sein Atomprogramm wurden von einem großen Teil der Araber bewundert und akzeptiert, einschließlich jener in der Golfregion. Aber als die Jahre vergingen und als Zwischenfälle auftraten, änderte sich die arabische Erzählung vollständig. Angst und Wut ergriffen die Menschen in der arabischen Welt nach der Nachricht von der Explosion in Boston.

Die Mehrheit der Araber hasst terroristische Gruppen und hasst es, mit ihnen in Verbindung gebracht zu werden, nachdem einige sie in der Vergangenheit begeistert verteidigt hatten. Die Vorstellung von diesen Gruppen in der Öffentlichkeit hat sich geändert, unabhängig davon, ob diese Gruppen verantwortlich sind für den Angriff auf Boston oder nicht. Zusätzlich drängten eine Weile vor dem Vorfall in Boston die meisten syrischen religiösen Institutionen sowie syrische islamische Persönlichkeiten, dazu, die Al-Qaida-Ankündigung zu verurteilen, dass sie der Al-Nusra Front verbunden sei.

Wer erwartete solche direkten, automatischen, verurteilenden Haltungen vor 10 Jahren? Damals verurteilten nur wenige von uns Al-Qaida und ihre Verbrechen. Angst vor der öffentlichen Meinung, die von extremistischen Gruppen erheblich beeinflusst wurde, machte es schwer, jemanden zu finden, der seine Ablehnung gegen Al-Qaida damals auszudrücken gewagt hätte. Heute jedoch drückt die Mehrheit offen aus, dass sie gegen die bewaffneten Gruppen ist, deren Politik und Intellekt verdächtig sind. Dies erklärt, warum jihadistische extremistische Gruppen in Syrien, wie die Al-Nusra Front, ihre Kämpfer anwiesen, nicht in den Medien zu erscheinen und nicht ihre Nationalitäten zu offenbaren. Diese Gruppen sind sich bewusst, dass Extremismus eine abscheuliche und eine abgelehnte Eigenschaft ist, die die öffentliche Meinung gegen sie wenden kann.

Den Iran...

Den Iran mit seinem Atomprogramm betrachteten die Araber mit Bewunderung und Anerkennung. Aber das ist Vergangenheit. Heute jedoch ist der Iran das abscheulichste Land für Araber, weil die Wahrheit offenbart wurde.

Der Iran ist ein Land, das danach strebt, die arabische Welt zu beherrschen, indem es den Islam und die palästinensischen Belange nutzt, um zu infiltrieren und zu kontrollieren. Das iranische Atomprogramm ist eine Quelle des Ärgers geworden, vor allem für die Menschen in den benachbarten arabischen Golfstaaten. Nachdem, das Erdbeben den Iran getroffen hatte, wurden Zehntausende von Einwohnern im Golf evakuiert wegen der heftigen Beben, die in der gesamten Region zu spüren waren. Aber die Angst der Golfregion-Bewohner rührte nicht vom Erdbeben selbst her, sondern vom Atomkraftwerk Bushehr und sein Potenzial, dem Erdbeben zum Opfer zu fallen. Ein Ausfall von Bushehr und anderen iranischen Einrichtungen könnte sich als katastrophal erweisen. Es besteht reale Angst vor dem Atomprogramm des Irans, der darauf abzielt, dessen Hauptziel, wie viele glauben, die militärisch-nukleare Vorherrschaft zu ergreifen, die den Golf zum Ziel hat. Viele sind der Meinung, dass diese gewünscht nukleare Vorherrschaft nicht auf Israel abzielt und auf jeden Fall nicht darauf abzielt, Strom in den Iran zu liefern, wie das Regime behauptet.

Was für ein seltsamer Zufall! Eine Explosion in Boston, gefolgt von einem Erdbeben im Iran. Beide Vorfälle ergeben authentische Emotionen und eine neue politische Vision in der arabischen Diaspora.

Ägypten: mit der Türkei oder mit dem Iran?

Wir hören von angeblichen Versöhnungsbemühungen zwischen der Muslimbruderschaft und der ägyptischen Regierung, wie kürzlich von verschiedenen Quellen berichtet.

Im gleichen Zusammenhang erfahren wir von ähnlichen Anstrengungen zwischen der Türkei und Ägypten, die von den Kommentaren einiger Hamas-Führer in Gaza ausgelöst wurden, die die ägyptische Führung lobten, und zwar von Hardliner Mahmoud Al-Zahar und dem moderaten Osama Hamdan.

Die Ursache hinter diesen Kommentaren können zwei Aspekte sein, die nicht kompatibel sind: Die Hamas steht mit der Muslimbruderschaft auf der einen Seite und als permanenter Verbündeter des Iran auf der anderen Seite da. In der Vergangenheit war es möglich, die Türken und die Iraner gemeinsam zu unterstützen, aber heute ist es unmöglich, beide zu unterstützen; man sollte entweder für die Türkei sein oder die Unterstützung ausschließlich dem Iran zukommen lassen, da beide Länder derzeit in Kriege verwickelt sind. Iranische Milizen kämpfen gegen die pro-türkische Opposition in Syrien, und die Auseinandersetzungen toben heute an den Grenzen der Türkei.

So hat Mohamed Mursi, derzeit im Amt hat Kairo, sich entschlossen, keine Partei im syrischen Krieg zu unterstützen; die gleiche Position wurde seit der zweiten ägyptischen Revolution beibehalten, die die Regierung von Abdel-Fattah Ell-Sisi dazu führte, uneingeschränkt gegen die türkische Intervention in ihre Angelegenheiten zu sein unddie Muslimbruderschaft Opposition zu unterstützen.

Historische Beziehungen

Zur gleichen Zeit hat sich die ägyptische Regierung vom Iran entfernt, auf der Grundlage, dass im Herzen von Kairos historischer Strategie und seit den Tagen des verstorbenen Präsidenten Gamal Abdel Nasser Ägypten die Rolle eines Ausgleichs gegen Teheran gespielt hat. Abdel Nasser stand gegen das Streben der Schah-Dynastie, den Golf in den sechziger Jahren zu dominieren, und Anwar Sadat war gegen das Khomeini-Regime und wurde mit dem gestürzten Schah konfrontiert. Auf der anderen Seite verherrlichten die Iraner Sadats Attentäter und setzten seinen Namen auf eine der Hauptstraßen im Iran. Der isolierte Präsident Husni Mubarak und Sadat übernahmen Nassers Politik. Der einzige, der ein Fenster des Dialogs mit Teheran eröffnete, war das zweite isolierte Präsident Mohamed Mursi, der das Eis brach, als er die iranische Hauptstadt besucht und auf Präsident Ahmadinedschad traf, was der erste Besuch eines iranischen Präsidenten in Kairo war.

Was hält die Zukunft bereit?

Trotz der häufigen Gerüchte glaube ich, dass Kairo sich nicht mit Teheran arrangieren wird, vor allem nicht unter solch gravierenden Umständen, in denen das iranische Regime den breitesten expansiven Krieg seit der Revolution vor etwa 40 Jahren führt.

Eine Beendigung des Konflikts zwischen den beiden Ländern in der Region, Ägypten und

der Türkei, wird die arabische Seite in dem
Konflikt in Syrien stärken, vor allem in ihrer
Konfrontation mit dem Iran.

Es wäre ein Wunder, wenn sich die
ägyptische Führung mit ihrem alleinigen
Gegner, der Muslimbruderschaft, einigen
würde. Wird eine Einstellung der
Aktivitäten gegen die ägyptische
Regierungsgruppe bedeuten, die Türen des
Kairoer Flughafen für jene reuigen Personen
zu öffnen, die zurück wollen? Das Wunder
würde geschehen, wenn Kairo sich annähern
würde, aber zwei Wunder können nicht zur
gleichen Zeit geschehen, und natürlich
impliziert dies nicht eine Verbesserung der
Protokollbeziehungen, weil sie nicht viel
bedeuten.

Wenn es zu einer Versöhnung mit der
Muslimbruderschaft käme, aus Kairos
Perspektive, wäre einer der größten Brände

und Spannungsherde in der Region gelöscht. Die Muslimbruderschaft ist eine Schnittstelle zu einem regionalen Lager und kämpfte an mehreren Fronten in seinem Namen. Die Versöhnung mit der Muslimbruderschaft würde unweigerlich zu einer ägyptisch-türkischen Versöhnung führen. Eine Beendigung des Konflikts zwischen den beiden Ländern in der Region, Ägypten und der Türkei, wird die arabische Seite in dem Konflikt in Syrien stärken, vor allem in ihrer Konfrontation mit dem Iran, und wird den Druck auf die irakische Regierung erleichtern, die nach dem Abzug der Amerikaner isoliert wurde; der Irak versucht derzeit, die interne und externe Herrschaft alleine zu übernehmen.

Das zweite Wunder, das das Ende des ägyptisch-iranischen Streits beinhaltet, wie die Hamas vorzuschlagen versucht, wird die ägyptische Regierung einem Erfolg näherbringen: dem Schwächen der türkischen Front und damit der Marginalisierung der Bruderschaft. Im Gegensatz dazu wird Ägypten seine strategische Front mit dem Golf verlieren. Trotz des Konflikts innerhalb des Golf-Kooperationsrates (GCC) in Bezug auf die ägyptischen Angelegenheiten und andere Fragen einigten sich die GCC-Staaten auf eine Ablehnung jeglicher Voreingenommenheit im Sinne des Irans, und dies ist ein sehr wichtiger Grund für ihre Lage in Syrien. Allerdings ist die Tendenz der ägyptischen Positionierung in Richtung Iran bei Weitem noch nicht imaginationsfähig, obwohl einige ägyptische Beobachter von der Notwendigkeit einer Annäherung an den Iran sprechen.

Sisis Regierung hat für sich eine interne Strategie festgelegt und konzentrierte sich auf die Legitimität der Entwicklung und die

Lösung der verschiedenen Probleme, mit denen das Land sich konfrontiert sieht, sowie auf die Bedürfnisse der Bürger. Sie distanzierte sich davon, an den äußeren Konflikten teilzuhaben.

Der Iran und Saudi Arabien

Iran, Araber und die Sehnsucht nach der Vergangenheit

Iraner und Araber sehnen sich nach dem Frieden, der Versöhnung und der Einheit der 1960er und 1970er Jahre, die sie aufgrund der politischen Entwicklungen verloren haben. Die Gegebenheiten änderten sich infolge der iranischen Revolution, als Extremisten die Macht ergriffen.

Kairo, Teheran, Riad, Kuwait, Beirut und andere nahöstliche Städte waren ganz anders, als sie es heute sind, zumal die Menschen zivilisierter und Straßen sicherer zu sein schienen. Wenn diejenigen, die nach dieser Zeit geboren wurden, ihre Städte vergleichen, damals und heute, finden sie es schwierig, dies zu glauben, so viel hat sich geändert.

Wann war Teheran glücklicher, in den
frühen 1970er Jahren oder im 21.
Jahrhundert? Kairo sieht heute abgenutzt
aus, aber es war eine Stadt der Freude und
Kreativität in den Zeiten der Präsidenten
Gamal Abdel Nasser und Anwar Sadat. Die
Bestrebungen dieser Generation sind nicht
so verschieden von dem, was ihre Eltern
genossen. Es sind einfache Ambitionen. Wie
ironisch, dass die Zukunft, auf die sie
hoffen, die Vergangenheit ist.

Beispiel China
Teheran, Kairo, Riad und andere Städten
leiden unter dem religiösen Extremismus.
Unsere Region ist nicht die erste, die das
durchstehen muss. China litt unter
kommunistischem Extremismus, der
fälschlicherweise genannt „die
Kulturrevolution" genannt wurde.

Die Bestrebungen dieser Generation sind nicht so verschieden von dem, was ihre Eltern genossen. Es sind einfache Ambitionen. Wie ironisch, dass die Zukunft, auf die sie hoffen, die Vergangenheit ist.

Im Jahr 1966 von Mao Zedong angeführte Kommunisten bewirkten ein „Erwachen", nicht gegen die Feinde des Kommunismus, sondern gegen ihre eigenen kommunistischen Genossen, von denen sie weniger Vertrauenswürdigkeit annahmen, als tatsächlich der Fall war.

Die Kommunistische Partei beutete Jugendliche aus, um extremistische Ideen in der Gesellschaft zu verbreiten, verfolgte Eltern und Lehrer, sammelte Bücher und verbrannte sie, zerstörte viele von Chinas kulturellen Symbolen und historischen

Denkmälern. Ihre Autos zogen durch die Straßen und propagierten Zedongs Wahlsprüche, begleitet vom Aufruf an die Menschen, diejenigen zu verfolgen, die nicht seine Lehren befolgen.

Die chinesische öffentliche Meinung äußerte später Ablehnung gegenüber dem, was passiert ist, wie sich anhand der Besserungsbewegung erkennen lässt, die die Führer des Erwachens aufhielt und sie zur Rechenschaft zog. Danach veränderte China sich, ebenso wie die Vorstellungen der Menschen und ihre Beziehungen untereinander und zur Welt.

Menschen wollen glücklich leben - dies bedeutet nicht, dass sie weniger religiös sind, und es sind auch keine Traditionen dadurch beeinträchtigt. Es wird der Tag kommen, an dem jemand von innerhalb des iranischen Regimes selbst eine Bewegung anführen wird, die zurück in die Zeit der 1960er und 1970er Jahre geleiten vom religiösen Extremismus befreien wird. Das Gleiche wird in der arabischen Welt geschehen.

Teherans Plan für die Araber: das Quotensystem

Sie werden es in den kommenden Tagen häufig hören: „Das Quotensystem ist die Lösung" für den Jemen, Syrien und Bahrain. Der Iran hat damit begonnen, die Idee dieses kontroverse politische Sektierer Regime zu fördern, so dass sie den Weg für seine Interventionen und Einfluss auf die Entscheidungen dieser Länder in ihrem Projekt die Region zu dominieren ebnen. Es ist keine neue Idee – es ist ein Duplikat der libanesischen und irakischen Modelle ist, dass der Iran heute dominiert.

Viele iranische Beamte in Angriff genommen um dieses Problem; Ich hörte sogar einer von ihnen mehr Details über sie geben. Er sagte: „Sie wollen eine Lösung in Syrien? Warum legen wir nicht für alle

Gemeinden und Parteien in Syrien Quoten bezüglich der Staatsführung fest; Sunniten, Alawiten, Drusen, Christen, Schiiten, Kurden und Turkmenen, und damit die Sunniten die Mehrheit im Parlament haben? Wir haben die gleiche Sache in Jemen und anderen Ländern in der Region zu tun." Einer von denen, die neben mir saßen, murmelte: „Ah, es bedeutet Bahrain". Natürlich wissen wir alle, dass er indirekt zu Bahrain zeigte, obwohl wir wissen, dass es wie im Jemen, in Syrien und dem Irak keinen Krieg über die Regel ist, aber es gibt Hubs des Protests in Bahrain, die in jedem anderen Land entstehen können, einschließlich Iran selbst.

Nach Jahrzehnten der Praxis ist nun offensichtlich, dass das Quotensystem ein lausiges Regierungsmodell ist.

146

Der Grund, warum wir, die wir die Idee ablehnen, solange hetzen, wie sie die Mehrheit der unruhigen Länder erfüllt, ist, weil sektiererische Quoten die Grundlage und das Wesen des Chaos sind, obwohl dies für Malaysia und die Niederlanden nicht gilt, weil sie in anderen regionalen Bedingungen leben.

Das Abkommen von Taif

Manche mögen argumentieren und sagen, dass das Abkommen von Taif, das in Saudi-Arabien unterzeichnet wurde, um den Bürgerkrieg im Libanon zu beenden, die Mutter der Quotensysteme ist. Es übergab die Präsidentschaft in der Republik an die Christen, das Amt des Premierministers an die Sunniten und die Parlament im Präsidentschaft den Schiiten.

Während die Vereinbarung in der saudischen Stadt Taif unterzeichnet wurde, war sie das Ergebnis eines kollektiven Dialogs zwischen den Konfliktparteien und keine Saudi-Entscheidung. Außerdem hatte das Quotensystem immer im libanesischen Regime existiert, das 50 Jahre vor dem Abkommen von Taif existierte, mit den gleichen Präsidentschaftsumstrukturierungen, aber mit unterschiedlichen Parlaments-Sitzkontingenten.

Wir sollten nicht vergessen, dass Taif nur ein temporäres Projekt war, um die Blutung zu stoppen, und ein Durchgang zu einem besseren ständigen Regime. Hafez Al-Assads Regime zerstörte die Entwicklung des libanesischen Regierungsprojekts: Er unterdrückte den libanesischen Staat und kontrolliert ihn durch seine lokalen Intelligenz-Agenten; er tötete und grenzte all jene aus, die es wagten, ihn herauszufordern daran dachten, das politische System zu ändern.

Ein lausiges Modell

Nach Jahrzehnten der Praxis ist nun offensichtlich, dass das Quotensystem ein lausiges Regierungsmodell ist und vermieden werden sollte. Wenn es im Jemen morgen angewandt werden sollten, würde es die jemenitischen Bürger auseinander treiben, und äußere Kräfte wie der Iran würden es verwenden, um das Land von außen zu beeinflussen und Chaos zu stiften, um die Entscheidungen des Jemen zu kontrollieren.

Was ist das Interesse von Jemeniten in die Aufteilung der Sitze entsprechend ihrer religiösen Zugehörigkeit? Eigentlich gibt es keine. Die erste Idee, auf der die Überleitung gebaut wurde, nach dem

Aufstand der jemenitischen Straße war, dass Jemeniten entscheiden, wer sie durch die Wahlurne regieren soll, aber die Änderungen unter den Bedrohungen der Houthis werden weiterhin Quoten in der Regierung erforderlich machen.

Wenn wir auf die Quotenregelung im Irak, so finden wir, dass dieser wie der Libanon geworden ist; der Präsident der Republik ist nur eine Einrichtung. Die drei Vizepräsidenten und drei stellvertretende Ministerpräsidenten sind auch Zubehör behauptet des Landes ethnische und religiöse Komponenten darzustellen. Sogar der Premierminister, die erste Führungsposition, ist durch die Quotenregelungswerkzeuge zur Geisel des iranischen Einflusses geworden. Ähnlich wie bei der libanesischen Hisbollah, entschied ein irakischen politischen Team die "Volksmobilisierung Forces" zu bauen, eine Miliz, die das Land steuert, mit der Armee eine bloße Unterteilung davon.

Dies ist, was der Iran sich bemüht hat, im Jemen zu tun, wenn er die Ansar Allah 'Houthi Milizen unterstützt, die sich über die Armee Waffengeschäfte nahm und versuchte, die Verfassung zu ändern, selbst feste Anteile an der Regierung gewähren, und zu diesem Zweck, es dauerte Präsident Hadi als Geisel in seinem Haus in Sanaa. Diese Komödie nur gestoppt, wenn Saudi-Arabien dort seinen Krieg ins Leben gerufen.

Laut dem iranischen Plan, mehrere unruhige arabische Länder zu verwalten, wurde das Quotensystem unter dem Vorwand, nicht angeblich von das Chaos ist eine Alternative zu passieren, weil sie die Grundlagen der Verwirrung über Jahrzehnte legen wird. Es wird den Boden für eine langfristige Spannungen und Bürgerkriege befruchten.

Es gibt alternative Möglichkeiten, wie die Verabschiedung eines föderalen Systems und die Reduzierung der Zentralregierung ohne Rückgriff Gesellschaft in sektiererischen und ethnischen Gruppen zu unterteilen.

Warum Jemen mehr als ein Kriegsprojekt ist

Vor zehn Monaten übernahmen drei Banden Jemen - die Houthi-Milizen, die dem Iran verbunden sind, Kräfte, die loyal dem ehemaligen Präsidenten Ali Abdullah Saleh gegenüber stehen, der während des Arabischen Frühlings verdrängt wurde, und Al-Qaida, die in der Leerphase schnell expandierte. Als Ergebnis wurde Jemen wie Syrien, wo es zwischen der Mehrheit des syrischen Volkes kämpft, das gegen das Assad-Regime revoltiert hat, das mit dem Iran verbündet ist, und der terroristischen Organisation des Islamischen Staates Irak und Syrien (ISIS).

Im größeren Rahmen bedeutet dies, dass der Jemen eine bedeutende militärische und politische Erfahrung nicht nur in Bezug auf das regionale Gleichgewicht ist, sondern auch im Rahmen der Bewältigung von Krisen. Obwohl es zu früh ist, absolute Urteile bezüglich des Plans, im Jemen einzugreifen, zu fällen, ermöglicht ein Überblick über die Entwicklungen in dem Land ein Verständnis von dem, was dort passiert.

Die Krise im Jemen und der regionale Streit an mehreren Fronten mit dem Iran im Allgemeinen werden zum ersten Mal ohne den amerikanischen Verbündeten und ohne große Öleinnahmen verwaltet. Dies ist sowohl eine Analyse der Situation aus der Ferne als auch im Rahmen der sehr gefährlichen geopolitischen Wandlungen.

Doch was im Jemen geschehen ist, war ein Verrat an Saudi-Arabien und den Golfstaaten und natürlich ein Verrat an den jemenitischen Menschen, die das beste Modell gegen das Saleh-Regime während ihres Aufstands darstellten. Ihre Bewegung war die friedliche arabische Revolution trotz Verzögerungen seitens der Saleh. Die Vereinten Nationen intervenierten in der Krise in einem frühen Stadium und erarbeiteten einen demokratischen Regierungsplan, dem zufolge die jemenitischen Bürger ihre Vertreter über Wahlen wählen können.

Dieses Verfahren wurde erfolgreich und friedlich umgesetzt, es wurde eine Übergangsregierung gebildet und die relevanten Parteien begannen eine neue

Verfassung zu erarbeiten. Dann gab es einen Rückfall, und der politische Prozess, den der Vertreter des UN-Generalsekretärs unterstützt hatte, wich von seinem Weg ab, nachdem die Houthi und Saleh versucht hatten, Jemen dem Libanon gleichzumachen. Es sah aus, als ob jene mit mehr Waffen mehr Sitze und mehr Macht bekommen könnten.

Mit iranischer Unterstützung ergriffen die Houthi und Saleh militärische Macht, um ihre Bedingungen zu verhängen, und später ging es so weit, dass sie den gesamten Jemen ergriffen. Es wurde Saudi-Arabien und den Golf-Kooperationsrat (GCC)-Ländern klar, dass der Iran sich entschieden hatte, seine Einflussbereiche zu erweitern und nach Jemen Erweiterungen nach Bahrain, vielleicht nach Süd-Irak und in Richtung Westen vorzunehmen.

Die Herausforderung für Saudi-Arabien und die Golfstaaten war die Aussicht auf Irans Erfolg in dem fortwährenden Versuch, die Hauptstadt Sana'a militärisch zu regieren. Die Supermacht, das heißt, die Vereinigten Staaten, die seit mehr als einem halben Jahrhundert die Angelegenheiten im Golf kontrolliert hatten, verschwand von der Bildfläche. Die USA entschlossen sich, die Arena den Konfliktparteien zu überlassen und öffneten dem Iran für Verhandlungen über sein Atomprogramm zu öffnen. Dies verstärkte den Willen des iranischen Kommandanten, zu expandieren und die regionale Stabilität zu bedrohen.

Die Krise im Jemen und der regionale Streit an mehreren Fronten mit dem Iran werden zum ersten Mal ohne den amerikanischen Verbündeten und ohne großen Öleinnahmen verwaltet.

Unter diesen ungewöhnlichen Umständen hat Saudi-Arabien sich entschlossen, eine militärische Allianz aufzubauen und im Jemen zu intervenieren, um den legitimen jemenitischen Präsidenten und die Regierung, die die UNO anerkennt, zu unterstützen. Jeder Fachmann zum Thema Nahost-Angelegenheiten würde die saudische Intervention als verzweifelte und späte Maßnahme beschreiben und darauf bestehen, dass es nur eine politische Lösung im Jemen geben kann.

Aber eine politische Lösung würde den Jemen Saleh und den Houthi schenken. Die Iraner hätten dann Jemen für einen günstigen Preis ergriffen und die Golfregion wäre von Iran im Norden, Osten und Süden belagert worden.

In weniger als einem Jahr können wir sehen, dass die steigende Macht im Jemen heute die legitime Regierung ist, wie sie von der Mehrheit der jemenitischen politischen und Stammeskomponenten, von der GCC und von einer arabischen Allianz, die die erste ihrer Art ist, unterstützt wird. Diese Macht wird triumphiert jetzt auf dem Boden, nachdem sie vollständig aus dem Land entfernt wurde. Sie entstand zunächst als Widerstand bestehend aus einer kleinen Anzahl von Menschen, die aus Gebieten kamen, die die Rebellen absichtlich zerstört hatten.

Fortschritte machen

Dieses legitime Macht schreitet voran in Richtung der Hauptstadt Sanaa mittels Unterstützung der Saudi-geführten Allianz, und sie hat jetzt ihre Autorität gegenüber den meisten Taiz, Maarib, Lahij, Zinjibar, Aden und anderen bekräftigt. Einzelheiten zu den täglichen Ereignissen des Krieges sind vielfältig und kompliziert aufgrund der Anwesenheit vieler Kräfte und Fronten - die Houthi Milizen, Saleh Streitkräfte, Al-Qaida und ISIS.

Die Houthi versuchte vergeblich, den Krieg der saudischen Grenze zu ergreifen, um Druck auf sie in anderen Schlachtfeldern abzulenken. Der legitime Macht, die die nationale Armee genannt wird, und der Golf und der arabischen Kräfte im Kampf gegen die Houthi in ihren nördlichen Gebieten wie Hajjah und Al-Jawf Gouvernements. Sie siegte über Saleh Streitkräfte in seinen Einflussbereich, die die Hauptstadt umgeben.

Vor ein paar Tagen, sie übernahm die Nihm Lager, das der Sitz der pro-Rebell 312. Brigade der Armee ist. Die nationale Armee, die die legitime Regierung mit Hilfe der Golfstaaten in den wenigen vergangenen

Monaten aufgebaut hat, kämpft auch Al-
Qaida im Süden und Osten des Landes, und
in jüngster Zeit in der Umgebung von al-
Mukalla.

Al-Qaida hat sich auch um die Vorteile der
nationalen Armee Beschäftigung mit dem
Kampf gegen die Rebellen in mehreren und
weit entfernten Gebieten versucht. Sie haben
versucht, die Bereiche, einschließlich der
provisorischen Hauptstadt von Aden
angreifen, die die legitimen Kräfte ergriffen
haben. Die Entwicklungen, die auf dem
Warfront genommen haben auf jeden Fall
bevorzugen die legitimen Befugnisse und
die Saudi-geführten Allianz.

Die jemenitische Modell, das heißt
Veränderung des Status quo mit Gewalt und
organisierte politische Arbeit und das
Beharren auf das Ziel trotz der
Herausforderungen zu erreichen, ist nicht
eine gute Option und kann nicht bei jeder

Gelegenheit wiederholt werden. Es war jedoch notwendig, um die Karte zu schützen, wie wir sie heute kennen.

Dieses Modell wird das Konzept des geopolitischen Kampfes der gesamten Region beeinflussen, wie regionale Akteure und andere in Betracht "Länder der Region übernehmen muss die Bereitschaft und Fähigkeit, in eine Konfrontation zu engagieren.

Der Krieg im Jemen ist wichtig, weil es in den Krieg in Syrien, dem Irak und sogar Libyen verbunden ist. Inmitten des Chaos Iran, Al-Qaida und die ISIS versuchen, über diese Länder in einem Rennen zu nehmen, die die Region nie gekannt hat.

Die „Herstellung" von iranischen Medien

Das Seniormitglied der Muslimbruderschaft der ehemalige Parlamentspräsident Saad Al-Katatni negierte die Geschichte, über die in den iranischen Netzwerken, in der Presse und im Fernsehen über das Treffen mit dem iranischen Parlamentssprecher Ali Larijani in Sudan berichtet wurde und sagte, dass er nicht in erster Linie gereist in den Sudan gereist sei.

Mehrere Mitglieder der Bruderschaft in Ägypten beeilten sich, die Geschichte ebenfalls zu leugnen. Dies zeigt die Wut der ägyptischen Regierung über das, was Iran tat und was offenbar dazu dienen sollte, den Besuch des ägyptischen Präsidenten Mohamed Mursi Besuch in Saudi-Arabien, um an dem Gipfeltreffen in Riad teilzunehmen, zu untergraben.

Es ist leicht, Berichte über ein erfundenes Interview oder ein Treffen zu leugnen, aber die offizielle Einladung, die Präsident Mohamed Mursi seinem iranischen Kollegen Mahmoud Ahmadinejad überreichte, ist eine wahre Geschichte.

Es gibt eine Reihe von Geschichten, die auch über die Treffen zwischen Mitgliedern der Bruderschaft und iranischen Beamten konstruiert werden könnten. Dies wurde durch ein erfundenes Interview mit Mursi angedeutet, das in der iranischen offiziellen Presse veröffentlicht wurde. Auf was es den Blick zu richten lohnt, ist diese geheimnisvolle Beziehung, bezüglich derer wir nicht sicher sind, wer wen und warum benutzt. Es ist leicht, Berichte über ein erfundenes Interview oder ein Treffen zu leugnen, aber die offizielle Einladung, die Präsident Mohamed Mursi seinem iranischen Kollegen Mahmoud Ahmadinejad überreichte, ist eine wahre Geschichte. Das bedeutet, dass alle beide Länder eine enge Beziehung genießen und dass die Muslimbruderschaft enge Beziehungen zum Iran hat. Die Wahrheit oder Falschheit dieser Annahme bleibt abzuwarten.

Einige Iraner wollen Mursis Regierung belagert auf der arabischen Ebene sehen, so dass Ägypten engster Verbündeter des Irans wird, als Alternative zu Bashar Al-Assads kollabierendem Regime. Inzwischen wollen einige Mitglieder der Bruderschaft arabische Länder erpressen und in Angst und Schrecken versetzen, vor allem jene in der Golfregion, um ihre politische, parteiliche und finanzielle Unterstützung zu gewinnen.

Das zweite Lager wurde von einigen Bruderschaftsautoren vertreten, die dazu aufforderten, sich dem Iran anzunähern, unter dem Vorwand, die Golfstaaten würden die Regeln der Bruderschaft nicht unterstützen. Katar, das gute Beziehungen mit dem Iran unterhält, ist die einzige Ausnahme. Dieses Lager unterscheidet höchstwahrscheinlich nicht zwischen der Absurdität der Medien und den politischen Strategien des Staats.

Irans Allianz

Es wird nicht einfach sein für die Regierung Mursis oder jede andere ägyptische Regierung, ein Bündnis mit dem Iran zu schmieden, es sei denn, diese Regierung entscheidet sich dazu, Ägypten in eine Reihe von inneren Problemen einzubeziehen. Ägypten bekommt ein Drittel seiner Überweisungen aus der Golfregion und nicht aus dem Iran und sein internationaler Wert wird von seiner positiven Rolle in der Region abgeleitet und nicht umgekehrt.

Es scheint unwahrscheinlich, dass die Muslimbruderschaft die Interessen ihrer Anhänger im auf's Spiel setzen würde, um im Gegenzug die politische Landkarte zu ändern. Wenn dies geschieht, wird es eine ganz andere Geschichte sein.

Golf-Ägypten-Beziehungen

Wenn Iraner versuchen Mursis Beziehung zu Saudi-Arabien und dem Rest der Golfregion oder zur Muslimbruderschaft zu untergraben, um Iran dem Golf anzunähern, gibt es bestimmte Gründe, die beiden Seiten sehr deutlich sind und die nicht durch Presseberichte bewertet werden, sondern durch die Aktionen des neuen ägyptischen

Regimes. Dies würde mit den Beziehungen der ägyptischen Regierung mit hochrangigen Beamten im Iran und der Art der Verhandlungen, die sie gemeinsam führen, nachgewiesen werden, ebenso wie in allen Eingriffen oder Verschwörungen auf Seiten der Bruderschaft in den Golfstaaten.

Das schwerwiegendste Hindernis, das die Beziehung zwischen Mursis Regierung, dem Golf und dem Iran, beeinträchtigen würde, ist das Spiel der Dualität, innerhalb dessen geäußert wird, die Aussagen und Handlungen der Muslimbruderschaft in Ägypten repräsentierten nicht Mursi und seine Regierung. Dies wäre schwer zu glauben, denn nach dem ist dies eine Bruderschafts-Regierung ist, auch wenn negative Aussagen anderen Namen zugeschrieben werden.

Terror und die Welt

Die dritte Generation der terroristischen Organisationen

Die gute Nachricht ist, dass wir nicht mehr Eltern hören, die sich darüber beklagen, dass ihre Söhne in Syrien kämpfen werden. Auch in den sozialen Medien gab es keine Nachrichten über den Tod der Kämpfer. Es scheint, die Rekrutierung von jungen Männern, die in der Vergangenheit weit verbreitet war, hat sich erheblich verringert, ebenso die Zahl der Kämpfer, die nach Syrien gehen. Die regionale Zusammenarbeit führte zu einer Einschränkung politischer und religiöser Propaganda und die Sammlung von Geldern zur Unterstützung des militanten Jihad.

Allerdings bedeutet dies nicht, dass wir keine mit dem islamischen Staat Irak und Syrien (ISIS) sowie der Al-Nusra Front

Sympathisierenden mehr haben. Es bedeutet nur, ihre Aktivität hat sich verringert. Viele regionale und internationale Sicherheitsapparate arbeiten zusammen, um diese Gruppen zu verfolgen und sie täglich zu bombardieren. Da wir nicht wissen, wie viele Mitglieder sie haben, ist es schwierig, den zirkulierenden Schätzungen zum Umfang ihrer Verluste zu glauben.

Auch die geschätzte Zahl der Araber und Ausländer in ihren Reihen ist nicht bekannt. Man kann nicht vollständig ihre Zellen zerstören. Ein Beweis dafür ist, dass Dschihad-Reste immer noch in Afghanistan und im Irak kämpfen. Solange der Krieg in Syrien weitergeht, werden Extremisten mit dem Kämpfen beschäftigt sein. Es ist nicht unwahrscheinlich, dass diese extremistischen Parteien später ein großes Comeback erleben, aufgrund der falschen

Strategie der US-geführten Allianz, nur eine Gruppe im Visier zu haben.

Der ISIS erleidet eindeutig große Verluste in Syrien. Das ist positiv, weil es helfen kann, die syrische Ursache einer terroristischen Vereinigung zu eliminieren, die ein großes Problem in Syrien darstellt und die später ein größeres Problem für die Region darstellen wird. Allerdings wird dieser Kampf zwischen den beiden großen Parteien in Syrien sich verschärfen: das Regime und seine Verbündeten gegen die bewaffnete Opposition.

Selektierende Zielführung

Die US-geführte Koalition zielt auf ISIS ab, aber nicht auf andere terroristische Gruppen wie die libanesische Hisbollah und die irakische Liga der Gerechten, deren Praktiken ähnlich sind wie jene von ISIS.

Die Politik, nur ISIS zu bekämpfen, ist wahrscheinlich kurzsichtig und wird zum Ausbau der sektiererischen Kämpfe aufgrund des Versagens der Diplomatie führen, weil darauf beharrt wird, das Regime durch Gewaltanwendung gegen das syrische Volk in die Knie zu zwingen.

Selbst wenn die Koalition alle ISIS-Kämpfer tötet, andere werden ihren Platz einnehmen, wenn der Krieg fortgeführt wird und wenn Präsident Bashar Al-Assad, der für den Mord an einer halben Million Menschen verantwortlich ist und 10 Millionen andere verdrängt, an der Macht bleibt. Ein neues ISIS wird unweigerlich in Syrien und außerhalb in Erscheinung treten.

Die Koalition würde sagen, ihre Aufgabe in Syrien sei es speziell, den ISIS zu beseitigen, nicht im Bürgerkrieg einzugreifen. Dies ist eine blinde Politik. Selbst wenn die Koalition alle ISIS-Kämpfer tötet, andere werden ihren Platz einnehmen, wenn der Krieg fortgeführt wird und wenn Präsident Bashar Al-Assad, der für den Mord an einer halben Million Menschen verantwortlich ist und 10 Millionen andere verdrängt, an der Macht bleibt. Ein neues ISIS wird unweigerlich in Syrien und außerhalb in Erscheinung treten.

Dies geschah im Irak, als sunnitische Stämme den US-Truppen halfen, Al-Qaida dort zu beseitigen. Aufgrund des Autoritarismus und der Feindseligkeit der irakischen Regierung entstand ISIS und erweiterte sich in Syrien, um schließlich mächtiger als Al-Qaida zu werden.

Daher muss die Koalition die Bedrohung ihrer aktuellen Kampagne realisieren, weil sie Pro-Assad agierenden ausländischen Milizen erlaubt, einen sektiererischen Krieg gegen Syrer zu führen. Es ist daher sicher, dass eine dritte Generation von Terroristen, entschlossener und gefährlicher, herausgebildet wird.

Warum Terroristen tun, was Extremisten denken

Es ist naiv, Autoren und Kommentatoren zu beschuldigen, die lokalen Erzählungen über islamistischen Extremismus über die Grenzen hinaus zu verbreiten und Menschen gegen ihre eigene Religion zu wenden.

Das, was geschrieben gesprochen wird, kann sehr leicht interpretiert werden. Die Welt braucht keine lokalen Übersetzer oder Schriftsteller oder Anstifter, um zu verstehen, was geschieht, zumal die Werkzeuge für das Sammeln und Überwachen von Informationen und deren Analyse jenseits aller Vorstellungskraft sind. Noch wichtiger ist, die Wahrheit ist Jedem klar: Terroristen tun, was Extremisten denken.

Während seiner einflussreichen Zeit veröffentlichte Al-Qaida-Publikationen, die zu Gewalt drängen und ein Manifest des Regierens ausformulieren. Die Theorie der Gewalt findet ihre Grundlage in ihrer Vision. Akademische und Sicherheitsinstitutionen müssen nicht mehr zwischen den Zeilen zu lesen oder Anrufe analysieren, um zu entschlüsseln, wie Extremisten denken. Sie müssen wissen, was das nächste Ziel, da die Ideologie die gleiche ist, egal, wie unterschiedlich diese Organisationen und ihre Namen sind.

Als Al-Qaida entstand, gab es Streit über die wahren Motive hinter dem Terrorismus, und Fragen dahingehend wurden gestellt, welche extremistische Ideologie hinter dem Terrorismus stehe. Terroristen werden immer gewalttätiger. Es ist nun offensichtlich, dass Extremismus zu Gewalt führt, und das ist nicht mehr nur eine bloße Theorie oder die Schlussfolgerung von einem Forscher, der in Unkenntnis der Sprache und Religion ist.

Gibt es Parteien, die die extremistische Ideologie verbreiten, um ihre politischen Ziele zu unterstützen? Natürlich, und es sind vor allem politische Gruppen, die Extremisten nutzen, um ihre lokalen oder ausländischen Konkurrenten ins Visier zu nehmen. Dies ist, was im ägyptischen Sinai und in Syrien.

Die Zunahme des religiösen Extremismus hat nichts mit sozialer Gerechtigkeit oder politischer Ungerechtigkeit zu tun. Er stellt ein ideologisches Projekt dar, das die Kontrolle übernehmen und andere neutralisieren will.

Gibt es Parteien, die extremistische Organisationen ausnutzen, um ihre eigenen Ziele zu erreichen? Natürlich gibt es die. Iran ist das beste Beispiel; sein Regime hat es geschafft, extremistische Organisationen seit 30 Jahren im Libanon, im Irak, in Palästina und zuletzt im Jemen einzusetzen.

Diejenigen, die eine extremistische Ideologie übernehmen oder verteidigen, verstehen nicht, dass sie Partner von politisch gewalttätigen Gruppen wie des ISIS und Al-Qaida sind. Sie sind sich mit ihnen in mehreren Prinzipien einig, auch wenn sie ihre politischen Pläne nicht unterstützen. Jene, die in dieser politisch angespannten Atmosphäre Extremismus propagieren, sind Werkzeuge für das Regime in Teheran. Extremisten dienen iranischen Interessen, weil sie ihre Länder den Geschützen der Welt aussetzen.

Zum Beispiel beschuldigen Rivalen einander, die Quelle der extremistischen Ideologie zu sein und rechtfertigen solche Aussagen, indem sie auf extremistische Praktiken verweisen. Man darf nicht vergessen, dass der Iran die Partei war, die die politische Rhetorik formuliert hat, die derzeit unter den Islamisten verbreitet ist und die globale Arroganz das religiöse und politische Kämpfen gegen diese beinhaltet.

Stufenförmige Wirkung

Unabhängig von politischen Instrumentalisierungen, die in Kriegen in der Regel weit verbreitet sind, kommt die neue Bedrohung durch die durch die Verbreitung von Extremismus und die damit einhergehenden Komplikationen zustande, die jetzt uns und muslimische Gemeinden im Westen betreffen. Extremistische Ideologie, der gemäß die Terroristen handeln, erweist sich als eine große Bedrohung für die muslimischen Regierungen und Gemeinschaften und ihre Beziehungen.

Wenn wir das Vorhandensein und die Ausbreitung von Extremismus eingestehen, wird sich die Situation weiter verschlechtern und wir werden mit anderen Opfern kollidieren. Einige Theoretiker versuchen, den Terrorismus zu rechtfertigen, indem sie Religion und Regierungen an die Spitze setzen. Sie tun dies entweder, um sich zu schützen oder sie in Streitigkeiten, die sie angefacht haben, einzubeziehen. Das hat nichts mit den Muslimen im Allgemeinen zu tun, die den Preis der Gewalt in Lahore, Ar-Raqqa oder Brüssel am Ende zahlen.

Extremisten haben die Begründungen ausgereizt, die sie im Laufe der Jahre angewendet haben, um Terroristen zu unterstützen. Am Anfang wurde die Gewalt mit den amerikanischen Stützpunkten in Saudi-Arabien gerechtfertigt. Dann nutzten sie Afghanistan, um Al-Qaida und die Taliban zu verteidigen. Dann ging es weiter damit, Saddam Hussein im Irak trotz seines Baath-Regimes zu verteidigen. Nachdem die Amerikaner den Irak verlassen hatten, führten jene, die den Terrorismus rechtfertigen, die Ausrede an, dass die Muslime im Westen verfolgt würden. All das kam zum Tragen, während sie Terrorakte gegen Muslime in Syrien, im Jemen, in Saudi-Arabien und Marokko ignorierten.

Die Zunahme des religiösen Extremismus hat nichts mit sozialer Gerechtigkeit oder politischer Ungerechtigkeit zu tun. Er stellt ein ideologisches Projekt dar, das die

Kontrolle übernehmen und andere neutralisieren will. Aus diesem Grund muss eine Organisation, wenn sie ein Verbrechen auf der Grundlage einer extremistischen Ideologie erlaubt, auch den Preis dafür zahlen, und der Rest der Muslime darf sie nicht decken oder verteidigen.

Wir müssen die Extremisten von uns separieren, wir müssen trennen zwischen Extremisten und dem Rest der Muslime und zwischen Extremisten und Islam. Wir müssen ihre Aussagen zurückweisen, dass der Westen den Islam oder Sunniten oder Saudis entgegenstehe. Die Wahrheit ist, dass der Westen sie (die Extremisten) ablehnt und ihnen die Schuld an dem gibt, was passiert ist und vor ihnen warnt.

Extremisten sind gefährlicher als Terroristen geworden, sogar obwohl Terrorismus in der ganzen Welt eskaliert. ISIS verteidigt sich und opfert seine Kämpfer, während Extremisten einen Selbstmordanschlag wollen und jeden Beliebigen zur Zielscheibe machen.

Die fünf Fehler, die den
Terrorismus zurückgebracht haben

Im Mai 2011 erlebten Millionen von
Menschen auf der ganzen Welt das Ende der
Organisation Al-Qaida oder, um genauer zu
sein, das Ende des Führers der Organisation,
Osama bin Laden, der während einer
geschickten Geheimdienst-Operation getötet
wurde. Bin Ladens Leiche wurde in Bahnen
und Eisenketten eingewickelt auf See
begraben. Was auch immer er symbolisierte
mit seinem Tod, Al-Qaida, die die Welt
erschreckt hatte, war mit ihm begraben.

Alle wesentlichen Personen innerhalb der
Organisation wurden entweder getötet oder
festgenommen. Zum Beispiel Anwar Al-
Awlaki, ein amerikanisch-jemenitischer
Imam, einer der gefährlichsten Senior

Recruiter der Organisation, der vier Monate nach der Zieloperation Bin Laden getötet wurde.

Tatsächlich wurden die meisten der Organisationsdrahtzieher und hochrangige Persönlichkeiten getötet, wie Feldkommandeur Abu Musab Al-Zarqawi, der militärische Operationenplaner Abu Layth Al-Libi, der Chemiewaffenexperte Abu Khabab Al-Masri und der Finanzchef Saeed Al-Masri. Sogar Bin Ladens Fahrer und Leibwächter wurde getötet. Viele Al-Qaida- Mitglieder wurden auch in Guantanamo Bay festgehalten.

Der Terrorismus war weder durch Führer noch ihre Motive geprägt, sondern durch eine Ideologie, motiviert durch Prediger, Medienpersönlichkeiten, Lehrer und starke Extremismusgläubige.

Wovon man glaubte, dass es ein Motiv hinter dem Terrorismus sei – die US-Militärpräsenz im Irak – wurde beendet.

Ich denke, dass hier das Problem zu diagnostizieren ist, das mit dem Ausgangsproblem zusammenhängt. Der Terrorismus war weder über Führer oder ihre Motive geprägt, sondern eine Ideologie, motiviert durch Prediger, Medienpersönlichkeiten, Lehrer und starke Extremismusgläubige, die gefährlicher sind als Bin Laden und Sarkawi. Diese Menschen sind in der Lage, alternative Führungen und Organisationen herzustellen, unter verschiedenen Slogans und in verschiedenen Bereichen.

Sie erfanden Abu Bakr Al-Baghdadi als Alternative zu Bin Laden und den

Islamischen Staat Irak und Syrien (ISIS) als Alternative zu Al-Qaida. Syrien hat ein neues Schlachtfeld und Bin Ladens Videos wurden auf Twitter, Facebook und WhatsApp gezeigt. Sie können sehr gefährlich werden.

Der Krieg ist zurückgekehrt, aber Terroristen heute unterscheiden sich von ihren Vorgängern. Sie sind jetzt nicht nur in der Größe gewachsen, sondern haben auch mehr Experten und sind einflussreich. Sie brachten nach unten ein russisches Flugzeug eine Bombe geschätzt unter Verwendung von 1 kg Sprengstoff enthalten und führte eine Reihe von Terroranschlägen in Paris aus. Eine Terror-Niederlassung in Nigeria überquerte die Grenze nach Mali und ergriff ein Hotel, um Geiseln zu nehmen. Dann behauptete ISIS, es eine chinesische Geisel hingerichtet worden und drohte den

Vereinigten Staaten mit unmittelbar bevorstehenden Operationen. Alle diese Terrorakte, die die Welt entsetzten, waren in weniger als einem Monat entstanden.

Wie Terrorismus gedeiht

Ich denke, dass eine Reihe von Fehlern auftaucht, wenn es um das Verständnis „neuen" Terrorismus geht. Der erste Fehler ist, zu glauben, dass eine terroristische Organisation mit der Ermordung ihrer Führer zusammenbricht. Der zweite ist die Überzeugung, dass erklärte Ausreden das Motiv für den Terrorismus sind - vor allem, indem sie diese Entschuldigungen zur Befreiung Pläne der Vergangenheit verbindet; zum Beispiel behauptet, dass der Rückzug der US-aus dem Irak über einen Terrorismus bringen würde. Historisch gesehen wurde Al-Qaida sechs Jahre vor der

Invasion im Irak geboren und nach dem Abzug der US-Truppen ausgebaut.

Der dritte Fehler ist zu glauben, dass die Lösung aus Krisengebieten zurückzuziehen ist, wie das, was in Vietnam passiert ist. Die US-zog seine Truppen aus dem Irak und weigerte sich Syrien einzutreten. Der vierte Fehler wird durch die Unterstützung von Schiiten oder Sunniten im sektiererischen Spiel herbeigeführt. Die fünfte und wichtigste Fehler ist eine milde Annäherung an extremistische Ideologien nehmen, was ein großes Problem und die Quelle der Macht des Terrorismus ist.

Nachdem Adolf Hitler Selbstmord begangen und nach der Verbrennung seines Körpers, die Gewinner aufwarf Krieg nicht nur die Fahne des Sieges über Berlin, aber sie verboten auch die Nazi-Ideologie. Sie verboten lehren sie oder es zu vermarkten und auch verhindert, diejenigen, die in irgendeiner Weise damit verbunden von alle sozialen Aktivitäten zu praktizieren.

Die heutige extremistischen Islam ist auch faschistisch, und es ähnelt Nazismus, die auf den Konzepten der Diskriminierung und Beseitigung beruht. Wie Nazismus, ist auf absolute Loyalität extremistischen Islam basiert auf einer Ideologie und zu Hass und Feindschaft gegen andere, ob Muslime oder nicht. Wenn Sie möchten, Al-Qaida, ISIS und Al-Nusra Front zu beseitigen, müssen Sie nach der Ideologie gehen. Ohne Dadurch können wir das nächste Jahrhundert erwarten mit Anarchie und Terrorismus gefüllt werden.

Der Giftmischer, den die Jemeniten verloren

Die beiden berühmtesten Männer in der Geschichte der modernen Jemen sind Ali Abdullah Saleh, der ungebildete ehemaligen Präsidenten, der Staatsführung über militärische Macht erreicht, und Dr. Abdulkarim Al-Iryani, der kultivierten Diplomat, der einen Doktortitel in der biochemischen Genetik aus den Vereinigten Staaten hält, und die stammt aus einer angesehenen Familie, als sein Onkel Jemens zweite Präsident war.

Genau wie in den Filmen, Saleh die bösen Charakter ist, die kämpfen und Sabotage zu zerstören weiter, während Iryani der gute Mann, der, als der Krieg im Jemen ausgebrochen, verbannt sich und lebte in Kairo dann Deutschland. Vor zwei Tagen vergangen Iryani in einem Krankenhaus in

Deutschland entfernt, während Saleh Chaos im Jemen auszulassen weiter.

Iryani war einer der jemenitischen Politiker, die sich wünschten, die Beziehungen mit den Ländern der Region zu verbessern und die ausländischen Spannungen zu beenden.

Iryani ist immer eine bedeutende Figur in der jemenitischen modernen Geschichte gewesen. Da Saleh die erforderliche Kompetenz nicht hat, seine diplomatischen Aktivitäten zu verwalten, war er von Iryanis Patriotismus, Liberalismus und umfangreichem Wissen abhängig.

Saleh vereiteln

Ihre Beziehung wurde beendet, nachdem die Revolution gegen Saleh ausgebrochen war. Politiker griffen auf Iryani zurück, der Ideen für den Wandel entwickelte, denen zufolge

Saleh seine Macht aufgeben und ein friedlicher Übergangsplan umgesetzt werden sollte, um die Wahlen und eine neue Verfassung vorzubereiten. Jemeniten griff dann zu Iryani nach Saleh den Übergang Plan vereitelt. Iryani angenommen somit einen Anruf fordern, dass Saleh die Vereinbarung respektieren und die Kongress-Partei Allgemeinen Volks verlassen.

Doch die Realität ähnelt nicht der Fiktion in Filmen. Während Iryani nach Herzkomplikationen in Berlin starb, versteckte Saleh sich im Jemen und lehnte jede Lösung ab, die eine Gegenregierung vorsieht. Saleh ist weder müde geworden noch gelangweilt, und er ist einer der am längsten amtierenden Präsidenten in der Welt. Die ganze Zerstörung und das

Blutvergießen im Jemen basieren auf seinem Festhalten an der Macht.

Saleh hat seit vielen Jahren alle anständigen Menschen um ihn herum ausgenutzt, um sich zu verteidigen, wenn er in Schwierigkeiten war. Als er 15 Jahre zuvor am Grenzabkommen mit Jemens Nachbarn Saudi-Arabien arbeitete, klagte er den damaligen Premierminister Iryani an, die Etablierung guter Beziehungen zu Riad zu verweigern. Saleh hinderte ihn daran, ihn nach Saudi-Arabien zu begleiten, anspielend auf Riad, und weigerte sich, Iryani in die Delegation aufzunehmen, weil er gegen den Deal war.

Jahre sind vergangen, und es stellte sich heraus, dass Iryani einer der jemenitischen Politiker war, der die ausländischen Spannungen zu beenden wünschte und die

Beziehungen zu den Ländern der Region verbessern wollte. Im Inland war er es, der die Nord-Süd-jemenitische Versöhnung herbeiführte.

Als die Revolution ausbrach, entwickelt Iryani die berühmte Vereinbarung, die Salehs Fortgang festlegte und die Übertragung der Macht an jene Person beinhaltete, die die jemenitischen Bürger wählten. Die Golfstaaten und der UN-Sonderbeauftragte übernahmen den Plan und zwangen Saleh, ihn zu unterzeichnen, um jemenitische Auseinandersetzungen um die Nachfolge zu vermeiden. Aus diesem Grund wendete Saleh sich gegen Iryani.

Er wurde also selbst nach Kairo verbannt, aber die Politiker bemühten sich weiterhin in seinem Sinne um Lösungen, um gegen die Hartnäckigkeit von Saleh und seiner Houthi-

Verbündeten vorzugehen. Aber der weise Mann, den die Jemeniten brauchen, ist nun fort.

www.ingramcontent.com/pod-product-compliance
Lightning Source LLC
Chambersburg PA
CBHW030440290526
45786CB00001B/375